CHUANGYE QIYE ZUZHI RENXING DE GOUJIAN JIZHI YANJIU

创业企业组织韧性的构建机制研究

李姗姗 王 强◎著

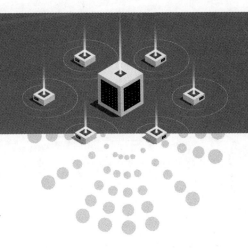

经济管理出版社
ECONOMY & MANAGEMENT PUBLISHING HOUSE

图书在版编目 (CIP) 数据

创业企业组织韧性的构建机制研究 / 李姗姗，王强

著. -- 北京 ：经济管理出版社，2024. -- ISBN 978-7

-5096-9803-7

Ⅰ．F270

中国国家版本馆 CIP 数据核字第 20241LH305 号

组稿编辑：任爱清

责任编辑：任爱清

责任印制：黄章平

责任校对：蔡晓臻

出版发行：经济管理出版社

（北京市海淀区北蜂窝 8 号中雅大厦 A 座 11 层　100038）

网　　址：www. E-mp. com. cn

电　　话：(010)51915602

印　　刷：唐山昊达印刷有限公司

经　　销：新华书店

开　　本：720mm×1000mm /16

印　　张：12.25

字　　数：226 千字

版　　次：2024 年 9 月第 1 版　　2024 年 9 月第 1 次印刷

书　　号：ISBN 978-7-5096-9803-7

定　　价：78.00 元

前 言
PREFACE

　　在这个日新月异、充满挑战与机遇的时代，创业已经成为无数人追求梦想、实现价值的重要途径。然而，创业的道路并非一帆风顺，许多企业在初创阶段就面临着种种困难和压力，如市场竞争、资金短缺、人才流失等问题。这些问题往往导致创业企业的生存和发展受到严重威胁，甚至可能使企业走向破产的边缘。因此，如何在激烈的市场竞争中保持企业的生命力，提高企业的抗风险能力，成为创业企业亟待解决的问题。近年来，组织韧性作为一种新兴的研究领域，受到人们广泛的关注。组织韧性是指企业在面临内外部环境变化时，能够迅速调整自身战略、结构和文化，以适应新的环境，从而实现持续生存和发展的能力。对于创业企业而言，构建组织韧性机制具有重要的现实意义。它不仅有助于企业在面临困境时迅速恢复，还能够提高企业的竞争力，为企业的长远发展奠定坚实基础。由此，如何构建和提升创业企业的组织韧性是一个值得深入探讨的课题。

　　本书《创业企业组织韧性的构建机制研究》旨在揭示创业企业组织韧性构建的内在机制，为创业者和管理者提供有关如何增强组织韧性的策略和方法。全书共分为七章：第一章介绍了研究背景、研究意义、研究目的与研究内容、研究方法以及可能的创新点与不足之处，同时绘制出了技术路线图；第二章对本书使用的理论与核心变量的国内外文献进行了综述；第三章界定了核心变量的内涵，并推理出了概念模型；第四章分析了创业企业组织韧性的主要影响因素，包括双元市场导向对组织韧性的直接影响、资源编排和商业模式创新的中介作用以及管理解释的调节作用；第五章、第六章实证检验了创业企业组织韧性的构建机制；第七章总结了研究结论，归纳出了管理启示，并提出了未来研究展望。

　　本书的目标读者包括创业企业家、管理者、学者和咨询顾问等。对于创业企业家和管理者，本书提供了实用的组织韧性构建策略和工具，帮助他们提高企业的适应能力和竞争优势；对于学者和研究人员，本书拓展了组织韧性的理论框架和研究方法，为进一步的理论发展和实证研究提供了新的视角；对于咨询顾问和培训机构，本书提供了关于组织韧性构建的专业见解和建议，有助于他们为企业提供更具针对性的咨询服务。由于笔者水平有限，书中难免存在缺点与错误，敬请广大读者批评指正。

李姗姗
2024 年 5 月

目 录
CONTENTS

绪　论

第一节　研究背景

一、实践背景

(一) VUCA 时代培养组织韧性是创业企业不得不直面的现实问题

自 21 世纪以来，创业企业所面临的环境发生了重要改变，企业普遍进入了 VUCA(环境易变性、不确定性、复杂性与模糊性)时代，环境易变性、不确定性、复杂性与模糊性已然成为组织的运营常态(李姗姗和黄群慧，2023)，加之当前世界纷争与经济形势波谲多变，"放眼世界，我们面对的是百年未有之大变局"。先前双创政策在社会上掀起了一场全民创业的热潮，大规模创业活动在全国范围内相继展开。根据《全球创业观察 2017/2018 中国报告》，我国的创业活动指数(用以衡量某一地区的创业活跃程度)已明显超过多数创新驱动型国家(张秀娥和李梦莹，2021)。但已有证据表明，与高度创业热情形成鲜明对比的是，我国在大量创业企业拔地而起的同时，也有大批的创业企业相继破产，存活率低成为我国创业企业的一大特征(于晓宇和蒲馨莲，2018)。但不得不承认的是，在大浪淘沙的创业过程中，很多创业组织在逆境发生时，要么惊恐应对导致随波逐流、元气大伤，要么手足无措导致轰然坍塌、元气殆尽，而有些企业却毫发无伤，甚至趁势追赶。那么到底是什么导致了完全不同的结局？研究发现，实践中那些具备韧性的企业总能够逢凶化吉，甚至实现逆势成长(马浩，

2020；张公一等，2020）。组织韧性使它们能够在逆境发生之前树立警觉性，做到未雨绸缪，防患于未然，于逆境到来时机敏地予以化解和处置，并在逆境之后进行反思与学习，促进自身发展，因此，组织韧性逐渐被视为创业企业的"必需品"。所以，为维持生存与发展，创业企业要主动为自身构筑韧性基因，实现对环境波动的常态化应对，这成为创业企业不得不直面的现实问题。

（二）培养组织韧性的实践探索方兴未艾，但组织韧性的构建并非易事

尽管组织韧性的概念很早就被提出来了，但得到企业关注并成为企业发展战略布局之一则发生在 20 世纪 90 年代之后。早期，有关构建组织韧性的实践探索主要集中在企业面对突发逆境事件而采取的即兴应对措施上，此时企业的关注点是如何快速地从"黑天鹅"事件或"大犀牛"事件（如金融危机、恐怖袭击、灾害、传染病大流行等）中恢复，旨在培养高可靠性组织。在此基础上，伴随着环境易变性、不确定性、复杂性与模糊性程度的不断加深以及各种意外、突发事件的频繁发生，尤其是自 2019 年以来，突发的公共卫生事件给企业生存与可持续发展带来了严峻挑战，培养组织韧性成为各种类型企业的战略目标之一。组织纷纷开始从内部视角探索如何将构建组织韧性纳入自身常态化的运营管理之中，包括高科技公司（如华为、浪潮、苹果、微软等）、餐饮企业（如四季明湖、老乡鸡、星巴克等）、旅游企业（如携程等）以及创业企业（如脸谱网络、时代凌宇等）（Chen 等，2021；宋耘等，2021；赵坤等，2021），此时企业视其遭遇的外部逆境事件或外部威胁为常态化情境，企业的关注点转移到如何在这种环境中主动构筑起组织韧性以有效应对未来不可预见的风险。例如，宋耘等（2021）指出，华为在逆全球化和美国制裁情境下的组织韧性构筑主要有三个阶段：①企业家识别风险的能力是第一阶段，高度依赖企业家的忧患意识；②组织韧性的基础条件，如组织内部资源、风险文化与意识、增强战略灵活性、增加冗余资源、增强业务连续性，是连接风险识别与组织韧性构建的第二阶段，同时也是激活韧性的核心环节；③组织做出战略调整并借助各个子系统的协同运作来构筑起组织韧性是第三阶段。在此之后，华为便构筑起了韧性。由此可见，围绕着组织韧性构建的实践探索已经从对偶然性或突发性事件的应对转变为组织韧性的常态化培养。

二、理论背景

(一) 作为当前组织领域的重要课题，组织韧性文献不断增加，但鲜有实证研究

随着疫情、灾害、危机等不可控、不确定事件的频繁发生，企业尤其是创业企业面临的生存困境呈不断扩大的趋势，在此背景下，组织韧性成为当前研究的一个新兴热点并逐步发展成一大研究主流，相关文献持续增加。

但进一步梳理既有文献可以发现，国内外关于组织韧性的研究主要集中在组织韧性的概念界定、维度划分和测量问卷设计以及组织韧性构建路径的探索性案例研究上。例如，国外学者主要关注的是"组织韧性""韧性""组织""绩效"和"框架"等主题，而国内学者则主要关注的是"反弹恢复"与"反超改进"等组织韧性的内涵、"危机过程"与"危机学习"等组织韧性管理过程以及数字时代背景下的组织韧性研究等，有关组织韧性的实证研究尚处于起步阶段。

(二) 组织韧性前因变量的探究集中在外部逆境事件上，缺少对内部因素的探索

现有关于组织韧性前因变量的探讨大多集中在各种类型的逆境事件上，探究不同危害程度的逆境事件对组织韧性的刺激作用。同时，学者还按照不同标准区分了激活组织韧性的逆境事件(纳西姆，2014；李平和竺家哲，2021)。诚然，组织确实能够利用危机所形成的压力、紧张等氛围推动实现组织能力的升级从而提升企业的韧性水平，但事实上无论是自然灾害和工业事故等突发事件的增加，还是新冠疫情的全球蔓延，这些刺激或干扰因素频发的背后都反映出市场环境的易变性、不确定性、复杂性和模糊性等特征已成为一种常态(单宇等，2021)。在这种"新常态"背景下，关注组织内部如何借助战略举措和创新等促进组织韧性形成的作用机制更为重要。此外，从最新的研究成果来看，学者已经开始将目光转移到组织内部某些有助于提升组织韧性的积极因素上。其中，组织层面上企业的管理策略(Buyl 等，2019)、可行的组织战略(Linnenluecke，2017)等对组织韧性的影响得到了较多认可，它们被视为组织韧性的堡垒，是企业于风云诡谲的商业环境中保持快速反应力和执行力的基石。从这一角度出发，

双元市场导向(响应型市场导向与先动型市场导向)作为最受学者关注的战略导向，体现了企业关注市场信息的识别和获取、市场信息在组织内部的传播与协同应用的战略倾向(Gatignon 和 Xuereb, 1997)，在理论上也能对组织韧性产生积极影响。尤其是对创业企业而言，尽管市场导向是创业企业普遍奉行的战略措施之一，但并非所有奉行市场导向的创业企业都构建起了组织韧性，实现了可持续发展。由此，到底是何种原因与内在机制导致一个普遍的战略措施会产生差异化的组织韧性结果显然是一个值得讨论的课题。此外，管理者如何诠释企业从市场中获取的大量信息也是组织进行下一步战略行动决策的重要影响因素，因此，有关管理解释(机会解释、威胁解释与矛盾解释)如何在创业企业组织韧性构建过程中发挥作用也值得深入挖掘。

(三) 关注创业企业组织韧性构建机制的研究明显缺乏

梳理从企业内部视角剖析影响组织韧性构建前因变量的定性与定量研究文献不难发现，到目前为止，学者的关注点都尚未放在双元市场导向上，分析其与组织韧性的关系，尤其是在双元市场导向被认为是创业企业最基本的战略措施之一的背景下(Barasa 等, 2018)。此外，即使少量的定性研究认识到了双元市场导向对组织韧性构建的重要性，也尚未有研究阐释两者间的内在作用机制，因此，双元市场导向与组织韧性间的关系及内在的影响机制还有待进一步展开、厘清与验证。尽管双元市场导向与组织韧性间直接效应探讨的缺少导致学者也尚未就两者间可能的内在作用机制展开讨论，但以往学者对双元市场导向与组织绩效间的中介机制展开了较多讨论，通过梳理这些文献可知，相关中介变量主要涉及资源与能力、创新、关系及战略等。在资源与能力方面，资源拼凑、动态能力及营销能力等均能够在双元市场导向与组织绩效间发挥中介作用。在创新方面，单纯的创新、创新速度以及不同的创新方式(技术创新、管理创新、市场创新、产品创新等)都被证实能够在双元市场导向与组织绩效间发挥间接的传导作用。在关系与战略方面，信任、关系承诺、关系学习以及质量管理、创业导向、学习导向、规划等也能够连接双元市场导向与组织绩效(王晓玉等, 2014)。同时，考虑到组织韧性与组织绩效对企业可持续发展有着同等重要性，本书结合组织适应理论，从资源行动与创新行动的双重视角引入了资源编排(适应式编排与变革式编排)与商业模式创新(效率型商业模式创新与新颖型商业模式创新)以探析双元市场导向与组织韧性间的作用机制。

（四）基于路径构造理论的组织韧性前因条件变量的组态分析尤为缺乏

目前，少量有关组织韧性构建的实证研究验证了单一前因变量与组织韧性间的线性关系，以及个别中介与调节变量在其中发挥的解释效应，但对多个前因条件变量并发的非线性关系产生组织韧性这一结果的研究却尤为缺乏。而根据路径构造理论，企业管理者完全有可能发挥主动性去整合资源或识别出不同行动之间潜在的协同作用，从而构建出组织韧性的多重实现路径。同时，组态分析视角也表明多个前因条件变量可以形成差异化组合从而实现同一个目标。鉴于此，综合前文指出的双元市场导向与组织韧性的关系尚未得到传统统计分析方法检验的问题，本书不仅利用回归分析验证了两者的关系，更从理论与方法更新的视角引入了路径构造理论与模糊集定性比较分析方法（fsQCA）来诠释不同前因条件变量间的互动关系在理解和解释创业企业组织韧性构建上的必要性与重要性。

第二节 研究意义

一、理论意义

当前研究尚未对创业企业双元市场导向与组织韧性之间的作用机制及组织韧性的实现路径展开充分讨论，虽然学者对组织韧性的重要性已达成共识，但如何构建或提升组织韧性的实证讨论却较少。本书拟将组织韧性置于创业企业所面临的 VUCA（外部）和资源稀缺（内部）情境中，探索双元市场导向与资源编排和商业模式创新相结合影响组织韧性水平的作用机制，有助于丰富并拓展组织韧性理论。具体而言，本书的理论意义有以下三点：

第一，借鉴组织双元理论从创业企业双元市场导向视角追溯了创业企业组织韧性构建的源头，理论分析并实证检验了双元市场导向（响应型市场导向和先动型市场导向）及其交互效应对组织韧性的直接影响，有助于打开创业企业构建组织韧性的暗箱。这不仅丰富了组织韧性前因变量的相关研究，拓展了双元市场导向的研究范畴，也从战略导向视角剖析了创业企业如何构建组织韧性的问题，呼应了段升森等（2021）、王勇和蔡娟（2021）以及赵思嘉等（2021）关于创业企业提升组织韧性需要关注组织内部日常经营层面因素的建议。组织韧性是当前学术研究的重点问题，对处于日益纷繁诡谲商业世界的创业企业而言至关重要，甚至决定着创业企业的生死存亡。但现有对组织韧性影响因素的研究多停留在理论设想阶段，实证分析相对匮乏，对其前置影响因素的探索尚有待深入。本书所做的努力不仅符合创业企业当前面临的情境，也丰富了组织韧性前置因素的探究。

第二，结合组织适应理论挖掘出了资源编排和商业模式创新这两把连接创业企业双元市场导向和组织韧性间关系的"钥匙"，并在此基础上建立了创业企业组织韧性构建的研究模型，揭示了两者在创业企业双元市场导向与组织韧性间复杂的影响机制。主要体现在以下四个方面：一是能够佐证资源编排和商业模式创新能否单独地提升创业企业的韧性水平；二是能够验证资源编排和商业模式创新能否在双元市场导向与组织韧性间发挥单独的中介作用；三是能够挖掘资源编排与商业模式创新在双元市场导向与组织韧性间潜在的链式中介作用；四是为整合组织适应理论与组织韧性理论提供了研究情境。

第三，同时考察了资源与创新行动在创业企业构建组织韧性中发挥的作用，是对现有相关研究的重要补充。既有研究肯定了资源行动、创新行动对创业企业生存与发展的重要作用，但多数研究仅从资源行动或创新行动的单一视角考察其积极作用。本书从"导向—行动—韧性"框架出发，结合短期与长期视角，同时考察了资源和创新行动在创业企业组织韧性构建过程中的作用。考虑到创业企业面临的自身资源匮乏和外部动态复杂环境的现状，分别选择资源编排和商业模式创新作为中介变量，同时对不同的资源编排行动与不同类型的商业模式创新活动的差异化中介效应展开了更为细致的考察，补充了现有研究。

二、实践价值

既有的少量研究从领导力和员工视角回答了为什么有些企业能够临危不惧、转危为安，而有些企业却轰然坍塌、难度危机，本书则从双元市场导向视角对上述问题的答案做了进一步补充，并聚焦创业企业探索其如何在不确定中利用双元市场导向来促进组织韧性水平的提升，具有重要的实践意义。具体而言，本书能够得到以下三个管理启示：

第一，创业企业可通过强化双元市场导向来构建组织韧性，但需要注意的是，创业企业要么强调响应型市场导向，要么强调先动型市场导向，而当两者在某一时期共存时将不利于组织韧性构建。在数字技术日趋深入和成熟发展的境况下，信息高速、高效、高透明度的传递为创业企业获取市场信息提供了有利的条件，同时也提升了市场信息在创业企业生存和发展中的重要作用。虽然创业企业成立时间短，组织结构相对不完善，但是在创新发展过程中创业企业必须加强市场导向，充分重视市场信息的获取、分析和利用，形成以市场导向为核心的企业文化，密切关注市场需求及其变化，重视竞争对手的发展动态，从而挖掘潜在需求和合作伙伴，及时、高效、准确地从市场信息中获取创新机会并加以运用进而提升组织韧性，维持企业的可持续性。然而，管理者需要高度关注对双元市场导向的管理，在特定时期下有所侧重，而不是一味地寻求不断提升双元市场导向。

第二，为创业企业如何及时缓解资源困境以重新配置资源、利用市场信息并响应应急性战略调整提供了解决思路。相对于创业拼凑等资源行动，资源编排是基于组织战略导向而采取的一系列资源行动，在双元市场导向的作用下，其结果更可预见（张青和华志兵，2020），因此，资源编排是创业企业缓解资源危机和摆脱困境的有效方法。在实际运用资源编排的过程中，创业企业应重视双元市场导向的引导作用，以一种积极的状态编排资源，从而尽可能地发挥资源编排对提升组织韧性的积极作用。

第三，揭示了商业模式创新在创业企业培养组织韧性的长期应对策略中的重要性。商业模式创新是动荡环境中创业企业的一种重要应对机制，这种调整是增强组织韧性的一系列方式中的一种，即使以往若干文献已承认了商业模式创新与组织韧性间的联系，但缺少一个全面的框架，本书将商业模式创新（中长期行动）联合资源编排（短期行动）整合到双元市场导向所引发的共同促进创业企业组织韧性提升的行动中，将两种研究主题结合起来。但实现商业模式创新是一项非常困难的任务，高度依赖创业企业对环境的感知及响应（Buliga 等，2016），因而创业企业需在重视双元市场导向的同时，重点培养科学合理的资源编排能力，从而对市场变动及潜在的创新机会进行识别、捕捉与利用，促进企业转型及相应的组织重构，进而推出新的产品、服务及商业模式，增强组织韧性。

第三节　研究目的与研究内容

一、研究目的

本书聚焦创业企业双元市场导向与组织韧性之间的关系这一课题，主要讨论了两个核心问题：一方面，组织韧性与创业企业组织韧性的内涵以及既有研究现状；另一方面，挖掘并分析创业企业组织韧性的构建机制，也就是创业企业构建组织韧性的来源及构建组织韧性的作用机制。为此，结合组织信息处理理论、组织适应理论以及管理认知理论，从创业企业双元市场导向(响应型市场导向、先动型市场导向)视角建构了双元市场导向影响组织韧性的研究模型，解释了资源编排(适应式编排、变革式编排)与商业模式创新(效率型商业模式创新、新颖型商业模式创新)在其中所承担的联结两者间关系的中介作用，以及管理解释(机会解释、威胁解释以及矛盾解释)在两者间的调节作用。具体而言，本书的研究目的主要包括以下两个：

第一，界定双元市场导向、资源编排、商业模式创新、管理解释与组织韧性的定义与维度划分，并在此基础上提出理论假设、进行实证检验以探析双元市场导向对组织韧性的影响，从而补充现有关于组织韧性的研究，也为创业企业如何在 VUCA 情境中实现生存与可持续发展提供启示和可能的针对性建议。

第二，根据组织信息处理理论分析并挖掘创业企业双元市场导向对组织韧性的内在作用机制，从组织适应理论视角引入资源编排和商业模式创新，考察其在双元市场导向与组织韧性间的传导机制，并依据管理认知理论引入管理解释，考察其在双元市场导向与组织韧性间的权变影响，从而完善创业企业组织韧性构建研究的理论模型，也为创业企业在应对内外部危机、培养组织韧性的过程中提供短期与长期行动上的实践参考。

二、研究内容

本书从双元市场导向的新视角，挖掘并剖析影响创业企业组织韧性构建的前因变量。研究结合组织信息处理理论、组织适应理论与管理认知理论探究了创业企业双元市场导向对组织韧性的直接影响、资源编排和商业模式创新在其中发挥的中介作用以及管理解释的调节效应，从而构建起双元市场导向影响创业企业组织韧性的研究模型，同时应用统计分析方法对研究模型进行了实证检验。具体而言，本书主要的研究内容有以下两个方面：

第一，探究并考察创业企业双元市场导向及其交互效应对组织韧性的影响。何会涛和袁勇志（2019）指出，双元市场导向不仅是创业企业想要生存与发展的必然选择，也是创业企业普遍采用的战略措施之一，能够满足市场与顾客需求并使企业从事创新活动以开发潜在市场与潜在客户；同时双元市场导向也有利于构建起创业企业在市场上的差异化竞争优势，从而在一定程度上促进组织韧性水平的提升。然而，并不是所有采用双元市场导向的创业企业都构建起了组织韧性。因此，双元市场导向到底会对创业企业组织韧性产生何种影响，值得进一步深入探析，但目前尚未有学者对这一问题展开理论与实证上的探索。鉴于此，本书从创业企业双元市场导向视角理论推演并实证检验了双元市场导向以及响应型市场导向与先动型市场导向交互效应对组织韧性的内在影响，从而增添了创业企业组织韧性的相关研究。

第二，剖析并验证资源编排和商业模式创新的中介作用。创业企业双元市场导向可能会通过增强企业的资源编排行为与商业模式创新活动而对组织的韧性水平产生积极影响。组织适应理论指出，组织需要调整并变动自身的行为与战略等以适应外部环境，从而逐渐消除组织与外部环境间的不平衡状态，因此基于组织适应理论的逻辑，一个组织要想更好地生存，就必须不断地调整自身运作与结构，以便使其与外部环境相匹配（张钢和岑杰，2012）。当面临突发的环境波动或危机情境时，创业企业在短期内会经历直接适应阶段，即做出快速的即兴适应性调整，而由于资源短缺一直是创业企业的困扰，它们很可能从资源方面着手进行调整。在长期，创业企业会经历复杂适应阶段，在环境感知和应急性调整的基础上，创业企业只有彻底地变革商业模式才能获取持续的竞争优势。鉴于此，本书理论剖析、实证检验了资源编排与商业模式创新在双元市场导向与组织韧性间的中介作用。

第四节 研究方法

一、文献研究法

文献研究法是在不同领域与不同方向的研究中得到学者广泛应用的最基本的研究方法，这一方法使学者的研究立足于既有文献、挖掘其中的空白与不足之处，并发现可能的方向。文献研究法是一种通过搜集、鉴别、整理与研究领域相关的文献，并通过对这些文献的研究形成对事实的科学认识的方法。其关键点在于以下三个：一是找到全面、准确、可靠的文献资源；二是对文献进行系统性的整理和分析；三是通过综合分析，形成对研究问题的科学认识。文献研究法具有三个优点：一是文献研究法的研究范围广，可以涵盖多个领域、多个时间段。文献研究法通过搜集和分析各种类型的文献，包括书籍、期刊论文、报告、档案等，可以涵盖多个领域和时间段，使研究者能够全面了解研究问题的历史背景、现状以及未来趋势，从而获得更全面的认识。二是文献研究法通过对相关文献的梳理和分析，可以提供全面的背景信息和理论知识，帮助研究者更好地理解研究问题。这些背景信息和理论知识可以是关于特定领域的专业知识、研究前沿动态、学术观点等，对于研究者来说具有重要的参考价值。三是文献研究法不受时间和空间的限制，可以通过对历史文献和现实资料的研究，深入了解历史事件和现实情况，使研究者能够对历史事件进行追溯和研究，同时也可以对当前问题进行深入剖析，从而获得更全面和准确的认识。

应用文献研究法，本书挖掘出组织韧性研究有以下不足之处：一是既有文献主要聚焦在外部因素对组织韧性的激活上，且多数研究应用的是定性分析方法，或应用理论推演，或采用案例分析，但忽视了内部因素对组织韧性的促进效应以及实证分析方法的使用，尤其是组织内部因素如何影响组织韧性的问题，即组织内部因素与组织韧性间的内在作用机制，鲜有研究涉及并展开系统探究。二是既有基于实证分析讨论组织韧性构建的文献仅应用了单一的实证检验方式，单一的实证研究方式有着特定的研究数据和特定的研究情境，无法确认相关研究结论能否推广到其他不同的情境中。因此，本书首先试图从创业企业组织内部双元市场导向的视角切入，探究双元市场导向与组织韧性的关系。接下来，本书分别综述组织信息处理理论、组织适应理论与管理认知理论以及双元市场导向、资源编排、商业模式创新、管理解释与组织韧性的相关研究。其次在理论上剖析并论证这些构念间可能的因果关系，构建起概念与研究模型。最后从国内外文献中选取成熟的量表对相关构念进行测量，以获取实证研究的数据基础。

二、问卷调查法

问卷调查法相对于案例研究、准实验研究及田野调查方法具有成本更低、回收率更高、数据更广且质量更优的特性，因此在组织管理、企业行为领域中得到了学者的广泛使用。该方法是一种通过设计问卷，以收集信息和数据为目的，对被调查对象的意见、态度、行为等进行调查和研究的方法，通常由调查者根据研究的目的和问题，设计出包含有关问题的问卷，然后借助邮寄、在线或者集体分发等方式，由被调查者填写问卷并提交答案。最后，调查者对收集到的数据进行分析和解释，从而得出研究结论。问卷调查法的优点是标准化和成本低，因为是预先设计的，并且回答方式规范，易于进行定量分析和比较。此外，问卷调查可以覆盖广泛的受众，收集大量的数据，并能够通过统计分析得出准确的结论。需要注意的是，问卷调查法也存在一些局限性，例如，可能存在填写问卷时被调查者不客观和回答不真实的情况。因此，在设计和实施问卷调查时，需要考虑到这些因素，并采取相应的措施来提高问卷的可靠性和有效性。

为了验证创业企业双元市场导向对组织韧性的直接影响和间接作用机制，本书也应用了问卷调查方法，以扩大样本量收集数据进行假设检验。在应用问卷调查研究方法上，首先，本书确定了调研对象。由于本书的构念均处于组织层面，因此调研对象需要在一定程度上了解组织的运营情况，鉴于此，本书将创业企业的中高层管理者、创业者等确定为主要的调研对象。其次，确定了调研方式。在调研方式方面，问卷调查法常用的方式包括实地调研、电话询问、邮寄调查以及第三方受托调查等。为了更广泛地收集样本数据，提升问卷的有效回收率，本书采取了多样化的问卷回收方式，一方面利用学校同学、导师及个人的关系网络向相关企业的中高层管理者发放电子问卷，主要借助微信及电子邮件等；另一方面借助第三方机构的力量回收问卷。

三、统计分析法

统计分析法也是一种发展成熟且应用广泛的研究方法。统计分析法是指运用数学方式，建立数学模型，对通过调查获取的各种数据及资料进行数理统计和分析，形成定量的结论。这种方法主要是利用统计学和概率论的原理，构建模型，并用数据来验证预想的假设是否与模型分析结果相匹配。

本书所使用的统计分析方法主要包括总相关分析、探索性因子分析、同源方差检验、描述性统计分析、信效度检验、验证性因子分析以及分层回归方法等。总相关分析和探索性因子分析被用于小样本调研数据的检验；同源方差检验、描述性统计分析、信效度检验（Cronbach's α 信度系数、CR 组合信度系数和AVE 等）和验证性因子分析被用于正式问卷调查回收数据的质量检验；分层回归方法和 Bootstrap 检验法被用于检验创业企业双元市场导向对组织韧性的主效应和中介效应。相应地，本书使用了 SPSS25.0、Amos23.0 等软件。

第五节　章节安排与技术路线

一、本书的章节安排

本书通过七章来论述 VUCA 背景下创业企业组织韧性构建机制的整体研究内容，具体而言：

第一章为绪论，这一部分从阐述本书研究的背景开始，依次介绍了研究的理论意义与实践价值、研究目的、主要的研究内容、所使用的研究方法、各章的安排与技术路线的设计，同时指出了本书研究的创新之处以及可能的不足之处。

第二章为理论基础与相关文献综述，这一部分包括两个方面的内容：一方面介绍本书研究立足的理论基础，另一方面回顾了本书所涉及的所有变量的既有研究。在理论基础部分，本书较为系统地梳理、总结了理论推理过程中所使用到的组织信息处理理论、组织适应理论以及管理认知理论的相关内容；在相关概念的研究文献综述中，系统回顾了涉及的双元市场导向、资源编排、商业模式创新、管理解释以及组织韧性的内涵、维度划分、前因和结果变量。这一部分内容为下文研究假设的提出奠定了基础。

第三章为变量界定与概念模型推演，这一部分主要是提出所有的研究问题，包括五个方面：一是双元市场导向是否对组织韧性存在积极影响，表现在哪些方面；二是双元市场导向是否也能够对资源编排和商业模式创新产生积极影响，具体表现在哪些方面；三是资源编排与商业模式创新对组织韧性的影响如何；四是资源编排与商业模式创新能否在双元市场导向与组织韧性间发挥中介作用；五是管理解释在双元市场导向与组织韧性间能否发挥调节作用，发挥怎样的调节效应，界定了使用到的双元市场导向、资源编排、商业模式创新、管理解释以及组织韧性等核心构念的概念，然后分析并推理出概念模型。

第四章为研究假设与研究模型构建，这一部分主要是在概念模型进行推演的基础上提出研究假设，包括双元市场导向（共存）对组织韧性的影响，资源编排在双元市场导向与组织韧性间的中介作用，商业模式创新在双元市场导向与组织韧性间的中介作用，管理解释在双元市场导向与组织韧性间的调节作用，然后在提出的研究假设的基础上构建起研究模型，提出进一步的拓展研究。

第五章为创业企业组织韧性构建的实证研究设计，这一部分具体介绍了核心变量是如何测量的，控制变量是如何选取的、如何测量的，同时对本书研究问卷的设计过程进行了说明，最后说明了样本选取和数据收集的过程。

第六章为创业企业组织韧性构建的实证分析与假设检验，这一部分主要是检验第三章所提出的研究假设，首先分析了数据质量（正态性检验、共同方法偏差检验以及信度和效度分析），其次对样本的描述性统计分析结果进行了说明，再次在对数据进行信效度检验的基础上完成了直接效应、中介效应和调节效应的检验，最后说明假设检验的结果。

第七章为研究结论、管理启示与展望，这一部分首先总结了上述研究结论，其次指出研究结论对管理实践的启示，最后展望未来提出可能的研究方向。

二、本书的技术路线

根据研究框架及具体的章节安排，本书绘制了技术路线图，如图 1-1 所示。

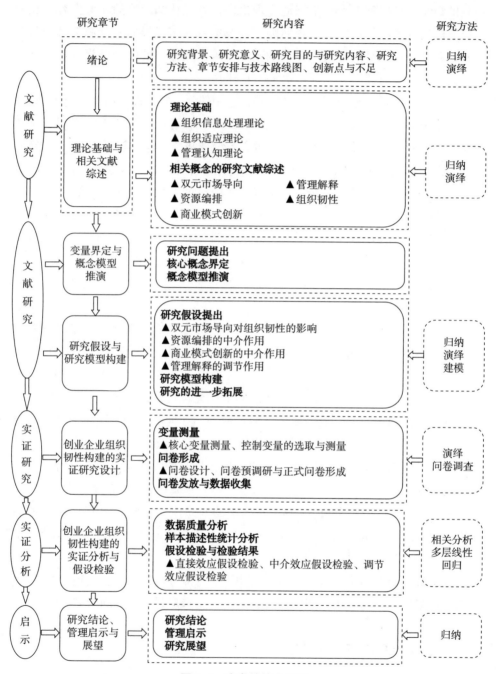

图1-1 本书的技术路线

第六节 创新点与不足

一、本书创新点

本书聚焦创业企业组织韧性主题，系统地探析了 VUCA 背景下创业企业组织韧性的内涵以及组织韧性构建的来源与作用机制问题，力图填补现有研究缺口，同时为面临生存困境的创业企业提供些许实践启示。具体而言，本书的创新之处体现在以下三个方面：

第一，基于组织信息处理理论和双元市场导向视角追溯了创业企业构建组织韧性的来源，明晰了双元市场导向影响组织韧性的方向，证实了双元市场导向在解释创业企业组织韧性构建上的双重作用效应。具体地，一方面，本书基于组织双元理论指出双元市场导向的概念，并将其视为由响应型市场导向和先动型市场导向组成，在此基础上检验其对组织韧性的实证探讨，丰富了双元市场导向的现有研究；另一方面，本书将双元市场导向视为组织韧性构建的起点，理论推演了其对组织韧性影响的主效应模型，分别考察了两种市场导向对组织韧性的差异化影响，证实了单独的响应型市场导向和单独的先动型市场导向对组织韧性的积极影响，以及两者共存对组织韧性的消极影响，表明创业企业创业者或管理者的任务不是寻求不断地提升双元市场导向的水平，而是管理市场导向，使其两种维度在某一时期有所侧重，这对创业企业响应市场环境并追求可持续发展是最优的。

第二，基于组织适应理论建立了创业企业组织韧性构建的作用机理模型，从资源与创新的双重视角引入资源编排与商业模式创新两个中介变量，审视、探析并验证了两者双元市场导向与创业企业组织韧性间复杂的过程机制，为创业企业破除生存困境、提升组织韧性水平提供了新思路。具体地，本书首先基于组织双元理论与创业企业特性构架了资源编排的维度，认为资源编排不应仅从过程视角将其包含的不同子过程视为资源编排的维度构成，并提出创业企业的资源编排行动应该包括适应式编排与变革式编排两个维度。其中，适应式编排带有沿用性质，而变革式编排带有创造性。同时，顺承以往研究认为商业模式创新包含效率型和新颖型两种。在此基础上，将资源编排与商业模式创新引入双元市场导向影响组织韧性的主效应模型中，能够同时将资源与创新两条不同的主线整合到创业企业组织韧性构建的研究模型中，从而拓展既有文献对组织韧性的理论分析与框架搭建。

第三，基于管理认知理论发现了双元市场导向影响组织韧性的边界条件，即管理解释，并明晰了管理解释在双元市场导向与组织韧性间的差异化权变影响。具体地，本书结合管理认知理论与最新研究成果，将管理解释视作由机会解释、威胁解释与矛盾解释构成。基于此，将三种管理解释纳入双元市场导向影响组织韧性的主效应模型中，证实了机会解释的倒 U 型调节作用、威胁解释的负向调节作用以及矛盾解释的正向调节作用，表明矛盾解释更有助于管理者深入地、全面地理解并诠释外部市场信息，从而更好地选取相应的应对行动策略。这一探究从管理者(创业者)对创业企业有着独特影响的视角入手，考察由管理认知决定的管理者解释对创业企业双元市场导向构建组织韧性的过程中发挥的调节效应，丰富了创业企业组织韧性构建的相关讨论。

二、本书存在的不足

本书围绕"导向—行动—韧性"框架，探索了双元市场导向对组织韧性的直接影响、作用机制、管理解释在其中的权变影响。尽管获得了一些有意义的发现和结论，但出于各种主、客观的原因，本书在研究方法与研究内容上也存在若干局限性，具体体现在以下三个方面：

第一，在研究方法上，本书的局限性体现在以下两个方面：一是本书采用问卷调查的方式获取数据，一方面，由于涉及的诸多变量是由管理者的主观因素决定的，只能借助问卷形式获取数据；另一方面，问卷调查会受到调查者客观条件的限制，存在调研地区有限、行业属性不全面等问题。而且，本书的样本为 260 家创业企业，样本数量较少，部分研究假设并未得到实证检验也可能受到了样本量的影响，未来研究可增加样本量开展实证检验。此外，问卷调查方式还存在固有的共同方法偏差，同时也仅采用了一阶段的问卷调查数据收集方式，未来可应用分阶段调研方法以降低共同方法偏差。二是本书所获得的数据为创业企业的横截面数据，横截面数据仅能反映创业企业在某一特定时期或特定阶段的静态特征，由此对提出的研究模型的实证检验，仅能代表某一特定时期或特定阶段的创业企业双元市场导向与组织韧性间的关系与作用机制，无法反映创业企业组织韧性的动态发展。

第二，在研究内容上，本书的局限性体现在以下三个方面：一是本书仅考察了资源与创新行动在双元市场导向与组织韧性间的中介作用，未来可拓宽视野对更多可能的中介变量展开探索，因为当前从积极视角考察创业企业如何构建组织韧性的文献仍较少，而组织韧性构架对创业企业有着重要意义。二是本书所涉及的诸多变量均具有外部互动性的特征，这意味着企业在不同的导向与行动上可能出现知识隐藏现象，本书并未对此展开分析。未来研究可基于当前价值共创观点的不断成熟与发展，分析创业企业如何在与外部互动中遵循价值共创，减少知识隐藏问题。三是本书对创业企业组织韧性构建的理论分析，主要立足于导向与行动结合的视角，而另一个对创业企业至关重要的变量，即合法性，也对其组织韧性构建有着重要影响，然而本书并未就此展开讨论。未来研究可围绕着创业企业如何构建合法性进而培育组织韧性的逻辑展开分析与检验。

第二章
理论基础与相关文献综述

第一节　理论基础

一、组织信息处理理论

组织信息处理理论阐释了组织在完成任务过程中在面对不确定情况以及模糊性情况时，需要做出的一系列有效使用以及管理信息的过程，包括设计相应的组织系统以简化对信息的需求，或者增强处理信息的能力（Gupta 等，2019）。组织信息处理指的是通过对组织内部和外部的信息进行收集、整理、分析和利用，以实现组织目标的过程。组织信息处理理论的核心是处理和分析信息，包括对信息的收集、存储、传输、加工和利用等。而后，相关研究的关注点转移到了强调组织的信息处理需求以及信息处理能力之间的匹配上，当组织内部的信息处理需求与能力达到一定匹配时，组织绩效水平会得到大幅提升（Simon，1962）。

综合以往研究，学者们对组织信息处理理论的研究存在两种视角：一种是认知视角，另一种是组织视角。认知视角主要是基于认知观出发，认为信息处理的核心是组织内部成员之间个性化的（社会）心理特征，分析个体的（社会）心理特征如何影响信息处理的过程。认知视角下的组织信息处理理论认为个体的行为是在以下三个方面交互影响下形成的：一是信息处理系统，二是问题的解决方法，三是任务环境。在上述三方面的交互下形成一个自适应的系统，并能够在一个较大的空间范围内依据任务特性塑造相应的行为，也能够随着时间推移借助于学习而发生行为的改变。组织视角下的组织信息处理理论强调信息处理的过程会因组织特性的不同而产生改变，认为组织是一个平衡"信息处理需求"以及"信息处理能力"之间关系的系统，目的是形成"信息处理需求"与"信息处理能力"间的平衡，以处理任务完成过程中出现的各种不确定性情况（孙凯和刘人怀，2013），因为不确定性极大地影响了组织在执行任务之前的计划以及在执行任务过程中的决策能力。当组织能够在实施任务之前对任务有全面的了解，就可以制订较为全面的计划。然而事实上，组织难以在任务开始执行之前便对任务获得足够的了解，这就需要在任务执行的过程中获取相应的知识、信息，进而产生了资源分配的变动、计划改变以及优先权关系改变等，这些变化都需要进行进一步的信息处理。由此，不确定性在组织信息处理理论中至关重要，在该理论下主要存在三种不确定性，分别是外部环境、组织部门所承担的任务特征、与其他部分间的关系属性以及与其他部分间的差异等（Zelt 等，2018；Thompson，2017；Gattiker 和 Goodhue，2004）。

组织信息处理理论提出了三个基本假设：一是提出组织是一个开放性的社会系统，能够处理与工作任务相关的各种不确定性；二是提出组织是一个信息处理的系统，以解决不确定性问题；三是提出组织是由不同群体、不同部门形成的集合（Tushman 和 Nadler，1978）。第一个假设指出，组织在进行不确定性处理之前需要明晰其所面临的是怎样的不确定环境，以及如何才能将这些不确定吸收（Thompson，2017）。第二个假设指出，处理不确定性状况的有效途径是借助信息处理这一工具，基础是从不同的来源和渠道收集有用的信息，明确组织需要收集哪些方面的信息，以及这些信息的用途，同时根据目标和需求选择合适的信息来源和渠道，制定合理的收集计划和时间表，确保信息的及时性和有效性（Fildes 和 Hastings，1994；Srinivason 和 Swink，2018）。第三个假设指出了组织信息收集和处理的来源。内部信息是指组织内部产生的信息，包括员工的工作表现、流程和程序的执行情况、财务数据、产品研发进展等。这些信息通常可以在组织的内部系统中获取，如企业资源规划（ERP）系统、客户关系管理（CRM）系统、人力资源管理（HRM）系统等（Tushman 和 Nadler，1978）。外部信息是指来自组织外部的信息，包括市场趋势、竞争对手情况、行业动态、政策法规等。这些信息可以通过各种渠道获取，如市场调研、行业协会和展会、社交媒体、新闻网站等（Thompson，2017）。因而，组织需要设计合理的部分结构，以促进信息收集（Galbraith，1974）。

当前研究对组织信息处理理论的关注集中在信息处理能力以及信息处理需求之间的匹配上，当两者达到平衡与匹配时，组织的绩效以及生存能力会相应得到提升。通常而言，任务的不确定性程度与执行任务所需要的信息量以及信息处理能力成正比，任务的不确定性程度越高，所需的信息量就越大，所需的信息处理能力也就越强。由此，该理论衍生出了两种达到匹配性的方式，分别是提升信息处理的能力以及减少信息处理的需求（Galbraith，1974；Srinivasan 和 Swink，2018）。已有研究指出，组织能够通过机械化自身结构增强组织内部的分权与集权水平来提升处理信息的能力（Galbraith，1974）。此外，组织还可以通过内外部的横向关系来增加有用的信息量。外部横向关系包括建立合作伙伴关系、加入行业协会和组织、开展市场调研以及开发合作研发等。组织可以与相关行业的其他企业建立合作伙伴关系（诸如供应商、销售商、技术开发商等），共同开展业务合作，以获得更多的信息和资源。企业可以加入相关的行业协会和组织，参与其活动和会议，与同行进行交流和分享经验，以了解行业动态、政策法规、技术趋势等信息，同时也可以建立起广泛的人脉关系。企业也可以通过开展市场调研来收集更多的市场信息和客户需求，以了解市场趋势、竞争对手情况、消费者需求等信息。企业还可以与其他企业或研究机构开展合作研发，共同开发新产品和技术，以获得更多的技术和市场信息。合作研发可以是短期或长期的，可以通过合同协议或合作框架等方式进行合作（Galbraith，1974；Srinivasan 和 Swink，2015，2018）。

基于本书研究主题，本书应用组织信息处理理论分析创业企业组织韧性构建的问题，以帮助企业提高对外部环境的适应性和应对能力。组织韧性是指组织在面对外部环境变化和冲击时，能够快速适应并从中恢复的能力。对于创业企业来说，组织韧性是非常重要的，它可以帮助企业在竞争激烈的市场中保持竞争优势，提高生存和发展的概率（李姗姗和黄群慧，2023）。首先，创业企业需要从外部环境、行业动态、市场需求、竞争对手等多个方面收集信息，并对这些信息进行分析和研究。通过信息收集和分析，企业可以了解外部环境的变化趋势和影响因素，从而更好地制定战略和决策。其次，创业企业需要建立有效的信息沟通与共享机制，确保信息的流通和传递。通过加强内部沟通，企业可以提高员工的参与度和归属感，增强组织的凝聚力和向心力。同时，通过与外部利益相关者的沟通，企业可以更好地了解市场需求和反馈，从而调整产品和服务。再次，创业企业需要建立完善的信息系统，包括内部管理系统和外部信息系统。内部管理系统可以帮助企业实现业务流程的自动化和规范化，提高工作效率和质量。外部信息系统可以帮助企业收集市场信息和反馈，以及与外部利益相关者进行沟通和合作。又次，创业企业需要在收集和分析信息的基础上，制定科学合理的决策。信息决策需要综合考虑多种因素，如市场需求、竞争情况、技术趋势等。同时，企业需要利用信息技术和工具，为决策提供数据支持和模拟分析。最后，创业企业在面对外部环境变化和冲击时，需要建立完善的信息风险管理与应对机制。这包括对信息的监测、预警和分析，以及制定相应的措施。通过信息风险管理，企业可以降低外部环境变化对企业的影响和风险(李姗姗和黄群慧，2022)。

二、组织适应理论

组织与环境间的互动关系一直是组织与管理研究的核心主题之一，其中围绕着组织如何根据环境变动进行调整，以及如何选择或创造一个更加良好的环境等问题，形成的理论被称为组织适应理论(张钢和岑杰，2012)。基于组织适应理论的逻辑，一个组织要想更好地生存，就必须不断地调整运作与结构，以使其与外部环境相匹配(张钢和岑杰，2012)。目前，组织适应理论存在多个不同的解析视角，从不同的研究视角出发，其内涵有所不同。梳理既有文献获悉，这些解析视角主要包括社会学观、生态观、学习观以及复杂适应系统观。

(一) 社会学观

社会学观主要立足于社会学视角，将社会学研究的思想、观念与理论融入组织适应理论的研究中。因此，基于社会学观视角下的组织适应理论高度重视人的主观能动性，强调"人"是组织适应内外部环境过程中的关键资源，由此组织适应理论的社会学观的核心问题便是组织成员如何形成对动态环境的适应性。经过诸多学者的讨论与研究发现，组织逐步社会化的过程也是组织不断形成适应性的过程，而由于组织中员工的工作情境、工作要求以及岗位会随着时间推移而发生变化，当发生变化时就是组织产生社会化需求时，也就是说社会化是一个终身的过程，因此与组织的社会化相对应，组织适应性也是一个连续不断的终身过程，高度依赖组织成员对组织目标与规范的认同以及不断的自我学习、自我调适(吕鸿江等，2007)。Schein(1968)首次将组织社会化与组织适应结合起来，并提出组织社会化的过程是组织成员内化的过程，即逐渐接受组织的文化与价值观，从而由外部人感知转化为内部人感知的过程，因此，这一概念反映了新进入组织的员工对组织既有情境的适应过程。随着新成员进入组织的时间变长，当组织发生变革或者新进入组织的员工自身发生工作任务上的变动(如晋升或轮岗等)时，他们便需要开启新的社会化进程，即接受新的任务或工作情境，因此，这一概念也反映了所有成员对组织新情境的适应过程。因此，组织成员社会化的进程也是组织成员适应能力提升、积累的过程。在此之后，那些主张组织适应理论社会观的学者们试图阐释如何适应这一问题。相关研究总结出了个体与组织层面上的两种适应途径：一方面，在个体层面上——学习，即组织成员主动获取有关信息、与其他成员互动，并将自身认知、价值观与行为朝着符合组织或组织环境要求的方向调整；另一方面，在组织层面上——人力资源管理，即组织借助一系列的人力资源管理措施，调整自身结构与战略，从而契合外部环境。

(二) 生态观

生态观主要立足于生态演化学视角，将生态学研究生物进化的观念与理论融入组织适应理论的研究中。因此，基于生态观视角下的组织适应理论强调环境与组织适应的关系，并由此衍生出了两种不同的适应观，即以"达尔文主义"为基础的环境推动组织适应观以及以"拉马克理论"为基础的环境拉动组织适应观。其中，环境推动组织适应观遵循自然选择逻辑，认为环境变动是催生适应性组织的核心要素。而容量、动态性和复杂性不同的环境所偏好的组织结构不同，也就是说，组织能否在某一环境中生存取决于该环境对组织结构或形式的市场化选择，只有那些与环境相匹配的组织才能够生存下来，因此环境催生了组织适应环境的行为。环境拉动组织适应观认为适应性发生在组织内部，是组织主动适应环境的过程。首先组织需要打破既有的惯例、结构、资源或能力，其次确定对标组织并将其作为模仿对象选择与之相对应的惯例、结构、资源或能力，进而持续性地模仿下去，最后逐步使组织适应环境。由此环境拉动组织适应观的核心观点便是环境诱导组织主动变革、再造现有组织的过程。

（三）学习观

学习观融合了知识资源理论、组织学习理论、知识系统理论与组织适应理论的观点，并将组织适应看作组织积累知识、学习知识进而从事知识创新的过程。因此对组织而言，知识不仅是其最重要、最活跃的资源（冉范生，2010），更是组织适应性的关键推动因素。首先，基于知识资源理论与组织适应理论融合的视角，组织通过学习所获得的知识资源增量是提升组织适应性的基本要素，包括隐性知识、异质性知识、互补性知识等，同时组织对知识所采取的差异化管理措施是打破知识惯性、适应内外情境的必要手段。此外，组织积累知识、转化知识、传递知识、应用知识及创造知识本身也是提升组织适应能力的过程（吕鸿江等，2007）。其次，基于组织学习理论与组织适应理论融合的视角，组织挖掘、吸收并整合应用各种知识的能力相对于组织内部知识存量更能够决定组织的适应性。同时，组织学习的溢出效应以及累积效应能够提升组织进一步学习的速度与效果，从而增强组织快速适应新环境与新业务的能力。最后，基于知识系统理论与组织适应理论融合的视角，组织是一个由主体（人与组织）、客体（知识本身）、运行机制、环境（如组织规范、制度、结构、文化、战略等内部环境与经济、政治、文化、法律等外部环境）组成的知识系统，而由于知识系统的适应性来自系统主体选择、创新与控制的过程，因此对组织而言，组织的适应性便是从发送方传递知识开始，到接收方学习并转化为指导性知识的转移过程。在知识转移引发组织知识动态更新的过程中，组织能力、战略等也会随之发生适应性演化，从而实现组织适应性成长。

（四）复杂适应系统观

复杂适应系统观融合了复杂系统理论与组织适应理论的观点，并将复杂适应系统所具有的动态性特征反映到组织上，将组织看作一个复杂适应性系统，能够对波动的环境做出有效反应。因此，复杂适应系统观关注的是组织如何通过学习、反馈以及创造性破坏等增强自身复杂性，进而适应复杂性不断提升环境的过程。由此，基于这一视角，组织适应过程主要包括直接适应（描述并重构组织规则进而变革组织）、初步的复杂适应（打破现有均衡并采取措施以调控组织目标使其趋向于适应性转移）以及变革性复杂适应（通过正负反馈而实现自组织)三个阶段。而激活组织内部复杂适应系统的因素体现在两个方面:一方面,组织内部本身存在自组织性质的创新与重构过程,即组织内部与环境匹配的隐性模式会逐步破坏现有的显性模式,从而产生突变型结果反作用于环境;另一方面,外部环境的变化也会催生组织系统内部的适应性变化。因此,组织自身的属性以及内外部环境的性质会催生差异化的组织适应结果。

基于本书的研究主题,本书主要从复杂适应系统观出发来阐释组织适应理论,我们认为组织适应的过程能够体现在短期与长期两个方面。从短期来看,企业会根据突发的环境波动或危机情境作出快速的即兴适应性反应,这相当于复杂适应系统理论所强调的直接适应或初步复杂适应阶段,在这一阶段,组织聚焦市场或客户积极探寻、挖掘并抓住最有价值的商机或一线生机。在做出这一决策之后,接下来组织会在组织内部做出应急性战略调整以应对变化,这些调整或涉及结构,或涉及资源。但从长期来看,应急性战略调整只能使企业短暂地完成对环境波动的初步应对,企业必须借助环境感知与相应的战略调整实现彻底的组织变革才能获得持续竞争优势,实现可持续发展,这相当于复杂适应系统理论所强调的选择与改变的复杂适应阶段。在这一阶段,组织的全部活动都会发生相关调整与变动,从而消除组织与外部环境之间的不平衡、不匹配。总的来说,组织适应理论强调,组织需要调整并改变自身认知、导向、行为、战略等以适应外部环境。

三、管理认知理论

管理认知理论体现了学者对企业管理者心理因素在战略决策中作用的高度关注,其发展立足管理认知的概念。管理认知指的是潜藏在管理者战略制定与决策过程中的一组受到管理者的企业管理与运营经验影响的知识结构,是组织战略管理的核心要素之一(Narayanan 等,2011)。既有文献主要从静态和动态两个方面对管理认知进行了阐释。静态视角下的管理认知主要从复杂性和专注性两个方面描绘管理者的认知结构。管理认知的复杂性体现在管理者知识结构的多元化上,即知识结构的广度;管理认知的专注性体现在管理者知识结构的系统性上,即知识结构的深度,两种知识都能够为管理者灵活运用(Nadkarni 和 Narayanan,2007;尚航标和李卫宁,2015)。动态视角下的管理认知主要从管理者的注意力焦点与意义建构两个方面描绘管理者的认知过程。注意力焦点体现在管理者对外部情境信息的关注上，意义建构体现在管理者对获取的情境信息的解释上。具体而言，认知结构在管理者结合自身先前经验来感知并解释外部环境、检索并编码情境因素上起着关键作用，而管理者的认知结构又决定了一个企业的生产性质。例如，有的企业遵从精益生产原则，而有的企业却偏好大批量生产。由此，管理者的认知结构在强化组织专有能力的同时，也会导致组织惯性或刚性的问题。从管理者个体或组织的角度来说，管理者认知会使他们选择特定的程序，并将其储存在记忆中，使之随着时间推移由程序性记忆的持续互动转化为常规的例程（Kogut 和 Zander，1996）。在此基础上，既有研究还论证了企业内部常规例程形成的三种过程机制，分别是对成功经历、与现有程序和知识相关联经历以及高重复性的经历进行编码，这是因为相对于失败的经历、新的不熟悉事物以及罕见的事件，成功的经历、基于现有程序与知识的体验以及常见的重复性事件更有可能被编码，从而发展为组织的惯常。

在管理认知的研究层面上，既有文献分别从个体、团队、组织与行业四个方面，围绕着管理认知结构与认知过程进行了阐释。在个体层面上的管理认知强调高级管理者的个人认知结构与过程；在团队层面上的管理认知关注高级管理团队的认知结构与程序，重点考察情境与社会化因素的影响；在组织层面上的管理认知侧重组织作为整体的"共享图式"认知结构与程序；在行业层面上的管理认知则从宏观视角考察微观层面上的个体、团队与组织认知结构与过程产生的集合型反应（Walsh，1995）。

建立在管理认知的基础上，管理认知理论指出，企业的管理者进行战略决策的过程会受到个体对外部环境认知的影响，也就是说影响企业管理者战略决策的一个决定性因素便是他们对外部环境的解释，因此管理者的战略决策并不是客观的，会直接受到管理者主观因素（管理认知）的影响（Liu 等，2013；奉小斌和刘皓，2021）。由此，不同组织中的企业管理者往往对外部环境有不同的理解，即使不同的企业管理者处于相同的外部情境中也可能会做出完全不同的反应（Dutton 和 Duncan，1987）。由于任何的环境信息都具有不确定性，而结合有限理性的观点，作为企业外部情境信息的核心接触者与处理者的企业管理者仅具有有限理性，这使他们难以对外部情境做出全面的评判与认识。相应地，管理者会依据自己的主管认知诠释环境因素，从而采取行动措施。据此，学者围绕管理认知对企业战略行动的影响展开了实证探究。例如，既有研究发现，管理认知有助于构建起企业的动态能力、提升企业做出战略反应的速度、增强企业变革现有战略的敏感度、促进企业提出创新性战略并最终对企业绩效产生显著的正向影响（尚航标和李卫宁，2015）。也就是说，既有研究不仅构建起了"情境→管理认知→企业行动"间的逻辑线，更是在"情境→管理认知→企业行动"基础上，进一步拓展到了组织绩效上，从而构建起了"情境→管理认知→企业行动→组织绩效"的逻辑模型（杨俊等，2015）。

基于管理认知理论，学者进一步指出，管理者会根据自我认知，将外部环境划分为机会或威胁，并在此基础上采取相应的环境扫描、战略规划与制定活动，由此衍生出了管理解释的概念。当管理者将外部环境视为机会时，则是机会解释；当管理者将外部环境视为威胁时，则是威胁解释（Dutton 和 Jackson，1987；和苏超和黄旭，2019）。进一步地，Plambeck 和 Weber（2009）指出，企业管理者对外部情境的解释并不是处于完全两个极端的状态，即管理者并非要么将外部情境解释为机会，要么将外部情境解释为威胁。在混合情绪作用下，管理者更倾向于同时将情境信息或出现的问题理解为机会与威胁并存，由此衍生出了矛盾解释的概念。

四、组织双元理论

当前学术研究已基本认同一个观点，即组织一方面需要不断地调整战略、探索创新才能适应波动的外部环境（探索式/先动式/变革式活动），另一方面需要延续既有模式、维持稳定才能保证当前收益（利用式/响应式/适应式活动）。尽管两者所遵循的逻辑完全不同，但都能在一定程度上代表组织发展的方向。早期，相关研究倾向于认为两种活动彼此间存在相互替代的关系，即企业只能权衡取舍而"顾此失彼"。但近期，研究发现企业完全能够平衡两者间的矛盾，同时从事探索式和利用式活动，从而追求实现"两者兼得"，即达成组织双元性。同时，既有研究也证实了组织双元性不仅能够改善短期绩效，还可以提升组织在动态环境中的长期存活率（Junni 等，2013）。

"双元性"一词最早是由 Duncan（1976）提出的，此后大量研究不断涌现出来，主要围绕着双元性的概念、双元性对组织的影响以及双元性的前因变量展开。同时，若干国际期刊也刊出了组织双元性的特刊，例如，*Academy of Management Journal*，其刊出的若干文献对双元性的内涵、特征、维度及概念比较等方面展开了剖析。本书梳理既有研究获悉，有关组织双元性的代表性定义主要有三种：①Raisch 和 Birkinshaw（2008）将组织双元性定义为一个组织在管理当前业务需求时表现出的能够保持一致和高效，同时适应环境变化的能力；②而后这一定义得到了进一步拓展，Moreno-Luzon 和 Pasalo（2011）将其定义为一个组织同时追求两种不同事物（探索和利用式活动）的能力；③但也有学者认为组织双元性表征着组织平衡探索式活动和利用式活动的程度（Fourne 等，2019）。由此可以发现，随着研究的不断深入，组织双元性的维度逐渐显现出来。组织双元性包含两个维度：一是探索式活动，二是利用式活动（Kafetzopoulos，2020）。探索式活动是指与现有知识相比，寻找机会、强化和重组以加深知识和发展更好的能力的过程，而利用式活动是对现有结构进行细化、扩展，更侧重选择和应用现有知识的行为（Lavie 等，2011；Batra 等，2021）。探索式活动与利用式活动不同，两者的区别主要体现在六个方面：①探索式活动具有探索性、创新性和冒险性特征，而利用式活动则具有开发性、延续性与精练性特征；②探索式活动的风险性更高，而利用式活动的风险性更低；③探索式活动的回报不确定性更高，而利用式活动的回报更加直接、更加确定；④探索式活动强调满足潜在市场与客户的需求，而利用式活动则强调满足现有市场和客户的需求；⑤探索式活动是对显性知识的内化整合，而利用式活动则是对隐性知识的外化整合；⑥探索式活动谋求实现长期绩效增长，而利用式活动则追求稳定的短期绩效提升。

随着组织双元性研究的不断增长，Tushman 和 O'Reilly（1996）提出了组织双元理论，他们认为双元型组织具有诸多优越的性能，同时他们也描绘出了实现双元型组织的结构机制、文化及领导力。当研究发展到现阶段时，学者基于组织双元理论主要从创新、战略、学习及领导视角来理解组织双元性。

首先，创新视角。创新视角下的双元性体现在组织层面，学者从组织双元理论理解组织创新的方式，并将创新划分为探索式创新与利用式创新两种。其中，探索式创新旨在满足潜在市场与客户需求，相关活动聚焦在产品设计、销售模式和市场开发方面，带有较强的创造性；而利用式创新旨在满足现有市场与客户需求，相关活动聚焦在技术、质量和效率的提升上，带有较强的稳定性取向。此外，商业模式创新的二维划分方式也在一定程度上借鉴了组织双元理论，并将商业模式创新视作由新颖型商业模式创新和效率型商业模式创新组成。

其次，战略视角。战略视角下的双元性也体现在组织层面。学者从双元性视角来理解组织战略，并将组织战略划分为探索式战略与利用式战略两种，探索式战略是企业探索并挖掘新机会，从而确保组织未来可持续的战略选择；而利用式战略则是企业开发既有业务，从而确保组织当前生存能力的战略选择。两者对资源的配置、对组织惯例和组织文化的要求有所不同。同时，学者也应用组织双元理论区分了最受关注的战略导向——市场导向的不同维度，将其划分为先动型市场导向与响应型市场导向。

再次，学习视角。学习视角下的双元性能够同时体现在个体、团队及组织层面，学者们通常借鉴组织双元理论来理解个体、团队及组织学习的方式，将个体、团队或组织学习方式划分为探索式学习和利用式学习（March，1991）。在个体与团队层面上，探索式学习是管理者或个体在已有管理经验的基础上重新思考运营、技术等流程，并在其中融入新的方法来管理企业或自我成长的过程；利用式学习是遵循管理者或个体的既有决策或信念，以结果为导向运营企业或管理自我的过程。在组织层面上，探索式学习强调组织超越既有知识学习的范畴，而在组织规范、组织管理体系等方面进行的创新；利用式学习则是组织基于既有知识进行的、以多样性为导向而实施的学习活动。探索式学习极大地提升了组织资源获取的广度，增强了组织的创新能力，而利用式学习则增强了企业资源获取的深度，大幅提升了企业对既有资源的利用程度，两种学习方式相互补充、互相融合（张玉明等，2019）。

最后，领导视角。领导视角下的双元性体现在认知、惯例和权力方面，而与组织双元理论相关的是认知视角下的双元领导。双元领导包括开放式领导与闭合式领导，其中开放式领导对应着探索式活动，关注创造性及创意的产生，而闭合式领导对应着利用式活动，关注规范性及创意的实施（Rosing 等，2011）。

尽管组织双元性及组织双元理论得到了越来越多学者的关注，但有些关键问题尚未得到充分解答，例如，组织双元性的影响结果。有些学者认为，企业能够在谋求实现组织双元性的过程中获益，因为双元性讲求要素间的相互补充（Gao 等，2009），但也有一些学者认为，组织双元性的结果具有不确定性（Venkatraman 等，2007）。同时，另有部分学者指出，组织双元性潜在的矛盾会导致企业开展的探索式和利用式之间活动出现竞争稀缺资源的问题，进而激发这种内部的配置冲突，对组织产生不利影响（Atuahene-Gima，2005）。

第二节　相关概念的研究文献综述

一、双元市场导向文献综述

(一)(双元)市场导向的定义

双元市场导向是伴随着组织双元理论以及市场导向二维观点的不断发展而来的。市场导向源自战略导向，战略导向是企业为获取持续的卓越绩效而制定的指导企业开展相应活动的战略方向(Gatignon 和 Xuereb，1997)。作为一种最受学者关注的战略导向，市场导向存在两种被学界广为接受的定义(程聪和谢洪明，2013；James，2019)：

第一，Narver 和 Slater(1990)将市场导向定义为一种组织文化，能够引导企业关注客户、竞争对手信息，重视跨部门协调，诱发企业采取行动为客户创造高水平价值。由此，顾客导向、竞争者导向以及组织内部协调是组织文化视角下市场导向的核心内容(Cervera 等，2001；程聪和谢洪明，2013)。

第二，Kohli 和 Jaworski(1990)将市场导向定义为一种组织行为，包括与客户的现有需求和潜在需求相关的市场情报的识别和获取，市场情报在企业各部门之间的传播与扩散，以及组织层面对市场情报的反应和运用。在这个行为过程中，首先，企业需要关注并获取顾客需求的偏好、变动及未来潜在需求的相关信息；其次，企业需要将获取到的这些信息向组织内部传递与共享；最后，根据这些信息建立反馈机制和响应机制，因此，信息产生、传递与反馈是组织行为视角下市场导向的关键构成(程聪和谢洪明，2013；Ozturan 等，2014)。

近年来，James(2019)在以往研究的基础上提出，市场导向的定义除了可以从组织文化和行为两种视角界定，还可以从战略视角和国际视角进行界定。例如，Ruekert(1992)从组织战略的角度研究了市场导向，指出市场导向包含企业对信息的使用、市场导向战略的制定和市场导向战略的实施。而 Cadogan 和 Diamantopoulos(1995)则基于国际出口情境，将组织文化和组织行为视角下的市场导向定义整合到国际营销领域，指出以出口为核心的市场导向能够帮助企业在国际化的商业模式下为客户创造价值。而双元市场导向的定义在下文论述市场导向的维度与测量之后可以得出。

(二) (双元) 市场导向的维度与测量

1. (双元) 市场导向的维度

要综述双元市场导向的维度，首先要综述市场导向的维度，尽管少数学者认为市场导向是一维的，例如，Deshpande 和 Farley (1998) 提出，市场导向旨在通过持续的需求评估来创造和满足客户的一套跨职能流程的活动；Morgan 等 (2015) 也从单一视角看待市场导向并证实了其与创业导向交互对组织绩效的消极效应，但大多数学者都同意市场导向是一个多维构念，如果只探讨市场导向的某一方面会导致仅关注到变量的某一部分而影响研究结论。作为市场导向的开创性研究者，Narver 和 Slater (1990) 认为，市场导向包括三个构面，即顾客导向、竞争者导向和组织内部协调。Kohli 和 Jaworski (1990) 认为，市场信息的产生、传递及反馈和响应是市场导向的基本构成要素。而后诸多学者对这两种观点进行了补充与完善，例如，Cadogan 等 (2008) 对行为视角下的市场导向做了进一步研究，指出信息产生、传递和反馈与响应均包含着更多不同的方面。他们特别强调，反馈与响应还应该涉及反应速度、反应中的风险承担以及反应的形式化等内容，但 Kohli 和 Jaworski (1990) 均未提及。

虽然基于文化和行为视角的市场导向构成得到了较多学者的认可，但有一些学者认为单一的市场导向会限制企业从事创新的能力和潜力，从而危机企业与顾客，也不利于社会进步 (Christensen 和 Bower，1996)。鉴于此，有学者开始就市场导向的内涵做进一步考察与反思，Kumar 等 (2000) 提出了市场导向的两个维度：市场驱动型市场导向和驱动市场型市场导向。Narver 等 (2004) 进一步识别了响应型市场导向和先动型市场导向，并得到了普遍认可。Govindarajan 等 (2011) 则从企业聚焦的客户群体性质，即是否为主流客户的视角，将市场导向划分成了主流市场导向与边缘市场导向两个维度。由此，双元市场导向的概念诞生了，通常情况下，Narver 等 (2004) 等的观点得到较多学者认同，因此，学者一般将响应型市场导向和先动型市场导向看作双元市场导向的构成。

2. (双元) 市场导向的测量

Narver 和 Slater (1990) 以及 Kohli 等 (1993) 在分别从文化和行为视角界定市

场导向的同时，也开发了相应的测量量表。Narver 和 Slater(1990)围绕市场导向的五个构面，即顾客导向、竞争者导向、组织内部协调、长期目标导向和利润导向开发了市场导向的测量量表。该量表在经过实证检验去除了长期目标导向和利润导向之后，形成了包含剩余三个构面的 MKTOR 量表，共 14 个题项，涉及顾客导向 6 个题项，竞争者导向和组织内部协调各 4 个题项。Kohli 等(1993)在 Kohli 和 Jaworski(1990)行动视角下的市场导向定义基础之上，围绕着信息产生、传递和反馈的三个过程开发了包括 32 个题项的市场导向量表(MARKOR 量表)，经精简删除后最终形成了包括 20 个题项的 MARKOR 量表，其中关于信息产生的有 6 个题项，关于信息传递的有 5 个题项，关于信息反馈和响应的有 9 个题项。这两个量表是在他们对市场导向构成界定的基础上开发的，不仅解释了如何测度市场导向的问题，更阐释了市场导向的构成，在当时得到了较多学者们的认可。

同时，Narver 等(2004)在提出响应型市场导向和先动型市场导向的同时，也开发了相应的测量量表，响应型市场导向对应 MORTN 量表，先动型市场导向对应 MOPRO 量表。经过一系列的实证检验后，MORTN 量表包括 7 个题项，MOPRO 量表包括 8 个题项。而后，我国学者张婧和段艳玲(2010)在对该量表基于中国情境下的信效度检验的基础上，删除了 MORTN 量表中的 3 个题项以及 MOPRO 量表中的 4 个题项，最终通过"我们的主要经验目标是提升客户满意度"等 4 个题项来测度响应型市场导向，通过"我们经常帮助预测目标市场的发展趋势"等 4 个题项来测度先动型市场导向。在此之后，考虑到精简的原则，我国学者在测度双元市场导向时，通常借鉴并使用张婧和段艳玲(2010)的研究成果。

3.(双元)市场导向的影响结果

双元市场导向的影响结果主要集中在组织绩效和创新方面，但相关研究结论却十分不一致(周飞等，2019)。在对组织绩效的影响上，以往有关市场导向与组织绩效的研究主要得出了正相关、无关以及倒 U 型相关等结论。其中，大多数学者认为市场导向能够带动组织绩效提升，例如，Menguc 和 Auh(2008)、Kirca(2011)、李妹和高山行(2012)及吴晓波等(2015)等的研究；Sandvik 和 Sandvik(2003)的研究则表明，市场导向与组织绩效的关系不显著，即市场导向无法对组织绩效产生促进作用；而近年来，学者的进一步研究表明，市场导向与组织绩效间的关系可能呈现倒 U 型，只有适当程度的市场导向才能促进组织绩效水平的提升（Wang 和 Liu，2019；Atuahene-Gima 等，2005）。

在对创新的影响上，学者的研究结论也不一致，大部分学者认为，市场导向有助于提升组织创造力，促进企业从事产品创新（张婧和赵紫锟，2011；Spanjol 等，2012；Acar 和 Ozsahin，2017）。而另有部分学者则认为，以客户或消费者为中心的策略会推动企业从事更多模仿或改良式创新，并不利于企业创新性和新颖性产品的设计与研发，最具代表性的学者即为 Christensen 和 Bower（1996）。此外，Berthon 等（1999）也认同市场导向对创新具有负面效应的观点。随着市场导向研究的不断深入，学者对市场导向到底是促进还是抑制了组织创新这一问题提出了新的观点。诸多学者注意到市场导向与组织创新间的关系并非简单的线性关系，其对创新的积极影响存在临界点，当超出这一临界点后便会表现出负面效应（顾琴轩等，2021）。此外，就市场导向、创新与绩效的关系上，Han 等（1998）提出了"导向-创新-绩效"理论框架，认为市场导向能够通过促进组织创新，而对企业绩效产生积极影响。

二、资源编排文献综述

（一）资源编排的概念源起

资源编排理论从行动与过程视角优化了资源基础理论，旨在探究资源管理、价值创造与竞争优势间的关系，并提出企业需要关注资源获取与利用的过程（Sirmon 等，2007；Carnes 等，2017；Cui 等，2017）。Sirmon 等（2007）及 Helfat 等（2007）分别提出了资源管理模型与资源编排模型，两者均强调资源行动的重要性，并认为资源管理活动中各项流程之间具有相互协同与相互补充的特性。同时，两个模型也具有相互补充的特征，资源编排模型在资源管理模型的基础上，增添了对资源行动创新性、资源行动与商业模式匹配性以及资源行动与组织架构设计匹配性之间的关注，而资源管理模型在资源编排模型的基础上增添了对捆绑资源或资源组合以形成特定能力的关注。

鉴于此，Sirmon 等（2011）综合了资源管理模型和资源编排模型，并在对战略、环境、管理者个性特征以及企业的生命周期等情境下的不同资源编排行动，在进行进一步剖析的基础上，提出了资源编排理论（见图 2-1）。该理论的核心思想是资源不会主动为企业产生效用，企业根据资源属性实施的一系列行动才能激发资源以发挥其效用，为企业创造价值与竞争优势。也就是说，资源管理活动至少与持有资源具有相同的重要性（Sirmon 等，2011）。因此，资源编排理论一方面补充了资源基础理论仅强调资源持有量，而不论述组织如何应用资源的问题；另一方面补充了资源依赖理论仅关注外部资源获取，而忽视组织内部资源及能力的问题（孙永波等，2020）。目前，资源编排理论已经被学者广泛地应用于多个领域，例如，供应链运营管理领域、创新与创业领域、企业能力的生成与演化领域、战略变革领域、新兴经济体发展领域（张青和华志兵，2020；Liu 等，2016；Candi 和 Beltagui，2019；Nason 等，2019；张璐等，2019；Yi 等，2016；谢洪明等，2019）。

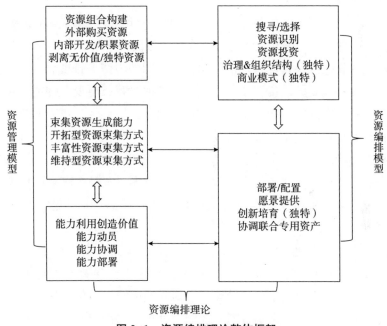

图 2-1　资源编排理论整体框架

注：⇕表示顺序可调整；⟷表示相互对应；"独特"表示该管理流程只存在于该模型。

资料来源：修改自 Sirmon D G，Hitt M A，Ireland R D，et al. Resource Orchestration to Create Competitive Ddvantage：Breadth，Depth，and Life Cycle Effects[J]. Journal of Management，2011，37(5)：1390-1412。

具体而言，资源编排理论的核心观点主要体现在以下四个方面：

第一，企业资源与企业(管理者)能力的组合才是企业持续性竞争优势或企业绩效的源泉。从这一视角出发，资源编排理论发展了战略内生学派的观点

（Wernerfelt，1984；Prahalad 和 Hamel，1990），将企业的资源及由不同资源或资源组合捆绑而成的能力的结合体，视为企业持续性竞争优势或企业绩效形成的关键（Chadwick 等，2015），即企业资源仅能够作为基础，由零散的资源或资源组合而生成的企业能力是获取持续性竞争优势，并提升企业绩效的中间产品。进一步地，管理者通过动态性地调整企业资源、能力配置及其与组织内外部环境之间的匹配，而大幅提升资源利用效率是连接初始资源与末端持续性竞争优势或企业绩效的桥梁（张青和华志兵，2020）。由此，资源编排理论认为企业持续性竞争优势或企业绩效依赖企业资源与企业能力的不同配置，其中企业资源是企业能力形成的基础，企业能力是对企业资源的整合，而管理者能力在其中发挥着关键作用。

第二，对企业资源实施的一系列有效的管理行动才能形成企业持续性竞争优势或提升企业绩效。其中有效性体现在三个方面，分别是资源行动的协同性、资源行动的权变性以及资源行动的动态性。协同性强调编排资源的各项流程间的匹配性，即不仅要关注资源或资源组合构建的过程，更要关注能力在这个过程中形成与作用发挥的过程，不仅强调资源数量的重要性，更强调资源质量的重要性；权变性强调编排资源的行动与情境间的匹配性，即编排资源行动的侧重点应根据环境波动的情况有所变动；动态性强调编排资源的行动的持续性特征，即企业需要持续性地实施资源编排行动，以形成与外部环境相匹配的资源和能力配置组合，从而维持竞争优势或提升企业绩效（张青和华志兵，2020；Sirmon 等，2011）。

第三，资源编排理论提供了一整套可操作性强的资源编排流程。根据 Sirmon 等（2011）的研究，资源编排流程包括三个关键流程和相应的九个子流程，其中构建资源组合处于第一阶段，包括外购资源、内部开发资源以及剥离无价值资源三个子流程；束集资源生成能力处于第二阶段，包括开拓、丰富及维持型资源束集方式；能力利用处于第三阶段，包括动员能力、协调能力及部署能力三个子流程。

第四，资源编排行动是组织层面上的一种资源管理能力。资源编排行动体现了组织吸收、整合并转化应用企业内外部资源的能力，是对组织整合资源能力的集中反映。因此，从能力的视角出发，资源编排行动可衍生出组织层面上的资源编排能力。张青和华志兵（2020）总结了既有研究对资源编排能力的两种理解方式：一是被赋予了编排意义的组织既有能力，二是基于资源编排内涵而创造出来的新组织能力。

（二）资源编排的定义与维度划分

资源编排的概念最早是由 Sirmon 等（2011）提出，他们认为影响竞争与竞争环境的行业相关因素会提升商业环境的复杂性，这要求企业以更强的战略灵活性来协调内外部资源。因此，对一个持有资源的企业来说，对所有资源进行合理管理是获取竞争优势的必要条件（Ketchen 等，2014）。据此，Sirmon 等（2011）综合资源管理模型与资源编排模型提出了资源编排理论及资源编排的概念，将其定义为一个对资源进行构建（结构化）、束集（能力化）和撬动（杠杆化）的组织过程，涉及领导者为促进资源的有效管理而采取的行动，包括资源构建、束集及撬动是资源编排的三个子过程。资源构建指的是获取、积累和减损资源的过程，资源构建为资源束集和资源撬动提供了资源存量；资源束集指的是将获取、积累和减损后的资源进行有效整合用以维持、提升现有能力并开发新能力；资源撬动指转化应用资源以形成所需的能力配置，并协调综合这些配置以使其与资源优势战略、市场机会战略或商业战略结合起来，从而发挥资源价值为现有及潜在客户创造解决方案的过程（Sirmon 等，2007，2011）。由于组织内外部资源是不断演化的，资源编排的三个子过程也是连续的，与组织的范围、所处的生命周期及级别密切相关。同时，Sirmon 等（2007）指出，资源编排行动对组织价值创造至关重要，且在初始条件相似的情况下，不同组织异质性结构的产生可能源自企业在资源编排上的差异化选择，由此 Sirmon 等（2007）提出了一个合并了时间维度的资源编排因果流程。

在 Sirmon 等（2007）的研究之后，学者对资源编排的维度（子过程）展开了丰富的讨论，相关探讨主要建立在行动和对象两个层面。具体而言，在行动层面的剖析是基于 Sirmon 等（2007，2011）最初的定义，界定了资源编排不同的行动过程。例如，Baert（2016）以单案例研究的方式，挖掘出了资源编排的八个子流程和三个聚合流程，八个子流程分别是访问、增值、重新部署、孵化、脱钩、对齐、修剪与互补，三个聚合流程分别是资源共享、资源转化与资源协调。Yi 等（2016）将资源编排划分为资源稳定、资源充实以及资源开拓三个维度，其中稳定资源的目的是对企业的现有能力进行渐进式改进，从而增加企业现有产品的生产范围与市场氛围。充实资源的目的是拓展企业的现有能力并增加新能力，关注企业能力的演变，从而更好地在新市场环境中参与竞争。开拓资源的目的是基于熊彼特创新理论的观点来创建新的组织能力，这些新能力一般来自新资源、现有资源的新组合或现有资源的新用途。Queiroz 等（2018）及 Wang 等（2019）的研究都将资源编排看作是由资源吸收、资源整合以及资源转化应用三个子过程组成。马玉成等（2015）将资源编排划分为资源并购与积累两个子过程。黄昊等（2020）则将资源构建、束集以及协调看作资源编排的子过程。对象层面的剖析主要是根据资源编排的行动对象，界定了资源编排作用发挥的不同具象资源。例如，Miao 等（2017）的研究指出，人力资本和社会资本是资源编排的作用对象；刘新梅等（2017）则认为，高管长期战略导向以及资源柔性才是资源编排的行动对象。

（三）资源编排的影响因素

作为一个新兴的构念，尽管现有资源编排的相关研究主要集中在理论探讨与案例分析中，但既有文献已经开展了若干挖掘资源编排影响因素的研究。在本质上，资源编排是聚焦组织内外部资源而采取的一系列资源管理行动，因而影响资源编排的前因变量自然与能够触动或改变组织内外资源的因素有关，由此相关研究围绕着企业生命周期、外部关系(联结)及管理者(创业者)个体特征等方面进行了剖析。

首先，企业生命周期对资源编排的影响。Sirmon 等（2011）在提出资源编排概念的同时指出，企业会根据自身所处的不同生命周期采取差异化的资源编排行动。例如，当企业处于员工较少的初始阶段时，其所采取的资源编排行动更加集中于与外部建立联盟关系，以获取关键资源，从而提升内部构建资源组合的灵活性与适应性；当企业处于成长阶段时，组织倾向于同时关注资源构建与束集，以开拓新的组织能力并内部化以前外包的职能。此外，处于成长阶段的企业也高度关注与外部利益相关者建立联盟关系，以增强构建资源组合的能力；当企业处于成熟阶段时，组织必须同时从事各项资源编排活动，并追求恰当的平衡以激活新的成长阶段。当企业处于衰退阶段时，组织管理者则会关注资源缩减以剔除无效资源，从而重新配置资源组合以谋求生机。因此，企业的生命周期会影响组织管理者编排资源的行动与倾向性。而后，Carnes 等（2017）的研究也得出了相似的结论，即企业所处的生命周期会影响管理者编排资源的方式，但管理者在不同生命周期参与资源编排行动的目的不同。在成长阶段，管理者参与资源编排的目的是促进企业成长与规模拓展；而在成熟阶段，管理人员实施资源编排的目的是剥离某些资源以提高组织效率。此外，国内学者王国红和黄昊（2021）也对新创企业成长过程中的资源编排行动展开了探讨，发现在业务的不同阶段组织资源编排行动的侧重点有所不同。

其次，外部关系（联结）对资源编排的影响。相关研究主要针对创业企业或新创企业，因为创业企业或新创企业面临内部资源匮乏的困境，获得足够有价值的稀缺资源便是他们实施资源编排行动的必要条件。为实现这一目标，他们就需要与外部的利益相关者或外部其他主体建立起亲密关系。因此，网络联结、外部嵌入及外部资源与机会获取能够为资源编排行动奠定资源存量基础。例如，Wang等（2019）指出，创业企业的外部商业联结能够显著地增强其资源编排活动。王国红等（2020）的多案例分析结果表明，创业网络是创业企业获得资源的重要途径，且创业网络提供的资源使科技型新创企业的资源编排行动得以顺利展开。苏敬勤等（2017）外部机会是影响企业资源编排行动的主要因素之一，能够促使企业资源行动从拼凑演化为协奏。

最后，管理者（创业者）个体特征对资源编排的影响。相关研究体现在两个方面：一是管理者能力，诸如技术能力、创业能力及网络能力等，对资源编排的促进作用。例如，Deligianni等（2019）发现，管理者的技术能力和创业能力是影响企业在面临突发风险事件情境下从事资源编排效率的关键因素。薛影等（2021）指出创业者的网络能力（建立关系的能力和协调关系的能力）对资源编排具有积极影响。二是创业导向对资源编排的促进作用。例如，Miao等（2017）表明，创业导向的三个维度（主动性、创新性和冒险性）能够通过影响资源编排行动进而对组织绩效产生影响。拥有创业导向的管理者能够主动地、创造性地且带有一定程度冒险精神地调动并重新配置与人力资本和社会资本相关的资源，以促进组织绩效提升。

（四）资源编排的影响结果

资源编排的影响结果主要体现在对创新、价值创造、企业成长与绩效的促进作用上。

第一，资源编排有助于企业创新。例如，Schmelzle（2017）以案例研究的方式提出了一个供应链资源编排模型，并借助于实证分析证实了其对创新的积极影响。

第二，资源编排有助于优化企业的价值创造。谢洪明等（2019）以跨国公司为研究对象，从资源编排的视角阐述了新兴经济体跨国公司从事连续跨国并购过程中的价值创造，并提出资源编排（资源结构化、重组和撬动）是连接跨国并购及价值创造的关键因素。胡海波等（2021）以李渡酒业为研究对象，考察了企业不同时期的资源编排行动与价值创造间的关系，发现企业在创建、发展、飞跃的不同阶段，从事资源编排活动的逻辑路线相似，均遵循着资源"识别→结构化→捆绑→利用"的路径，且都能够对相应阶段的价值创造产生积极影响。

第三，资源编排有助于促进企业成长。Wang 等（2019）证实了资源束集、资源撬动对新创企业成长具有显著正向影响。王国红和黄昊（2021）以新创企业为研究对象通过案例研究的方式发现，资源构建、束集及协调等资源编排子过程与价值创造交互作用对企业成长具有显著促进作用。

第四，资源编排有助于提升企业绩效。Wales 等（2013）指出，小企业利用资源编排框架实施的资源管理行动有助于小企业获得高水平绩效。资源编排的三个子过程能够帮助企业很好地完成从 IT 资源向 IT 能力再向动态能力的转化，从而提升企业绩效。薛影等（2021）的研究指出，资源编排能够提升创业者的创业绩效。

三、商业模式创新文献综述

（一）商业模式创新的内涵与维度划分

1. 商业模式创新的内涵

互联网以及数字技术的高速发展极大地改变了企业创造价值的方式，各种新的商业模式层出不穷。由此，商业模式及商业模式创新越来越受到技术创新、战略及营销等不同学科学者们的关注，大量研究不断涌现出来。技术创新领域的学者们对商业模式与商业模式创新概念的界定主要立足于创新视角，强调商业模式创新与技术创新的有效匹配。他们认为创新性技术本身不具有客观价值，只有借助于特定的商业模式创新，创新性技术潜在的经济价值才能够显现出来（Christensen 等，2002）。同时，相关研究还指出，突破性技术只有与突破性商业模式创新匹配起来才能够真正发挥技术创新的价值，为顾客及潜在顾客创造价值，因此商业模式创新即是基于顾客价值创造来挖掘阻碍非顾客消费群体消费的原因，并通过技术突破争夺这些非顾客消费群体，以开拓新的增长性市场的过程(Christensen 等，2002)。此外，Tidd 和 Bessant(2012)还区分了产品、流程、定位与范式创新的不同之处，并将商业模式创新界定为范式创新的一种全新的创新类型，具有非连续性。总的来说，虽然技术创新视角下的商业模式创新关注到了与技术创新结合的重要性，但却忽视了商业模式创新所具有的变革属性。鉴于此，战略领域内的学者从战略变革的角度，诠释了商业模式创新的内涵，并视其为一种组织变革形式，而将关注点放置在如何实现商业模式的创新以及如何看待这种创新所产生的结果上(王雪冬和董大海，2013)。例如，Hamel(1998)把商业模式创新上升到组织战略层面，将其定义为企业"为顾客创造新价值并为利益相关者创造新财富而战略性地变革现有的商业模式的过程"。Bock 和 Gerard(2010)也得出了相似的观点，即认为商业模式创新是一种特殊的战略变革创新过程，谋求实现更高层次、周期更长的挑战。因此，战略视角下的商业模式创新强调商业模式创新的战略性、颠覆性和变革过程性，但却缺少了对其源头(顾客/消费者)的关注。鉴于此，营销领域的学者从商业模式创新的源头，即顾客或消费者的视角来解释其内涵。例如，Aspara 等(2011)认为，驱动商业模式创新的市场导向是先动型的，因为先动型市场导向更加强调挖掘并满足顾客潜在需求进而开发新市场的重要性，同时他们立足市场导向认为商业模式创新是"为打破既有市场结构、挖掘并满足潜在顾客需求、增强客户价值创造、设计独特业务体系、创建新渠道或变革竞争规则而从事的创新活动"。因此，营销视角下的商业模式创新从揭示其前端变量的视角论述了其内涵。

此外，在不同学科学者围绕商业模式创新内涵展开探究的同时，也有学者从价值链、商业模式与商业模式创新的关系上讨论了商业模式创新的内涵。一方面，价值链视角下的商业模式创新将价值链与商业模式创新相结合，认为商业模式创新是对顾客价值创造过程的 5W1H 改进(Mitchell 和 Coles，2003)。也有学者立足这一视角提出商业模式创新的一系列流程，例如，价值创造、主张和获得等(Chesbrough 和 Rosenbloom，2002)。另一方面，Amit 和 Zott(2001)提出了商业模式与商业模式创新的构念，并得到了较多学者的认可。他们认为商业模式阐释了组织与外部主体(利益相关者)进行经济交流并建立起联系，从而为外部主体(利益相关者)创造价值的过程，包括了对内容、结构和治理的阐释。其中，内容解释的是企业所要创造的价值及与价值创造相关的活动；结构说明了企业价值创造过程中对交易伙伴及与之互动方式的安排；治理阐释了价值创造过程中的价值获取机制(Zott 和 Amit，2010)。据此，Amit 和 Zott(2001)基于商业模式的概念提出了商业模式创新的定义，认为商业模式创新是企业改进/重新设计商业模式的内容、结构与治理的过程。此后，2007 年，Zott 和 Amit又总结出了四种不同的商业模式创新主题(新颖型、锁定型、互补型、效率型商业模式创新主题)和两种不同的商业模式形式(新颖型和效率型商业模式创新形式)。

2. 商业模式创新的维度划分及测量

学者在对商业模式创新的内涵展开丰富探讨的同时，也对其维度划分及相应的测量方式进行了探索，但目前尚未达成一致观点(见表 2-1)。有些学者将其看作单维构念。例如，Kim 和 Min(2015)将判定商业模式创新的标准确定为，组织是否在传统线下销售平台的基础上增添了网络销售方式；Gucculelli 和 Bettinelli(2015)则以组织是否对初始商业模式做出了调整，作为判定企业是否从事过商业模式创新的依据；Guo 等(2016)认为，商业模式创新具有新颖性特征，因而商业模式创新是新颖性商业模式创新。

表 2-1 商业模式创新的维度划分

单维视角		多维视角	
核心观点	代表性学者	核心观点	代表性学者
组织是否增添了网络销售方式	Kim 和 Min(2015)	价值创造、主张和获取	Chesbrough 和 Rosenbloom(2002)
		新颖型和效率型商业模式创新	Zott 和 Amit(2007)
组织是否调整了初始商业模式	Gucculelli 和 Bettinelli(2015)	存量、增量和全新型商业模式创新	Osterwalder(2010)
		效率、顾客、合作导向型及开放式平台型商业模式创新	Saeb 和 Foss(2014)
新颖性商业模式创新	Guo 等(2016)	价值主张与网络、资源能力、盈利模式	刘刚(2019)
		开拓型与完善型商业模式创新	罗兴武等(2018)

资料来源：根据相关资料整理。

但更多的学者将商业模式创新视为一个多维构念。例如，Chesbrough 和 Rosenbloom(2002)认为商业模式创新包括价值创造、主张和获取三个维度；Zott 和 Amit(2007)将商业模式创新划分为新颖型和效率型两种，并据此开发一个包括 26 个条目的测量问卷；Osterwalder(2010)则将其划分为存量、增量和全新型商业模式创新三种。其中，存量型商业模式创新强调通过拓展现有资源、渠道、基础设施等转变商业模式，从而为客户提供与先前相似的产品或服务；增量型商业模式创新是在原有商业模式的基础上，增添新元素的创新方式；全新型商业模式创新则是聚焦锚定市场进行的全方位变革商业模式的创新形式；Saeb 和 Foss(2014)将效率、顾客、合作导向型商业模式创新及开放式平台型商业模式创新视为商业模式创新的构成要素；国内学者罗兴武等(2018)认为，商业模式创新包括开拓型商业模式创新与完善型商业模式创新，并在此基础上开发了一个包含 16 题项的测量问卷。刘刚(2019)则从价值链视角提出商业模式创新包括价值主张、网络、资源能力与盈利模式四个维度，并据此设计了包括 22 个题项的测量问卷。

(二)　商业模式创新的影响因素

近年来，诸多研究开始探索商业模式创新的前置影响因素。本书从组织内部与组织外部两个方面梳理了相关文献。

一方面，组织外部因素主要包括新技术创新、外部竞争及市场需求变动等。首先，在新技术创新方面。Pateli 和 Giaglis(2005)指出，新技术创新能够推动组织内部的价值创造，进而带动企业创新现有的商业模式。Velu(2015)的研究表明，技术创新能够推动知识、人力资本、信息等创建出新的产品、流程或创新现有的商业模式，从而变革组织既有价值主张。其次，在外部竞争方面。波特的五力模型指出，企业时刻面临着来自同行业其他竞争对手、潜在的竞争对手、上下游其他企业以及新进入市场的竞争者的威胁。因此，一个企业如果想要在复杂的市场中立于不败之地，那么就需要不断创新自身的商业模式。例如，Velu(2016)指出，竞争对手所采取的战略会影响企业自身商业模式创新的程度。当竞争对手采用防御型战略时，组织倾向于实施渐进式的商业模式创新；而当竞争对手采用进攻型战略时，组织则倾向于实施突破式的商业模式创新。最后，市场需求变动方面。企业必须适应市场需求的变动才能在变幻莫测的市场中生存，这就要求企业创新既有商业模式。例如，Habtay 和 Holmen(2014)的研究发现，当企业面临市场与技术威胁时，会倾向于以市场为导向从事商业模式创新来更好地利用现有的核心能力。

另一方面，组织内部因素主要体现在领导者特征与组织特征上。领导者特征主要指的是领导者的认知水平、企业家精神、创新精神、能力和信心等。从领导力视角出发的研究认为，领导者在一定程度上决定了组织能否成功地从事商业模式创新，因为领导者的领导力是其准确判断外部情境、现有商业模式适应性及做出维持、调整或创新商业模式决策的关键因素（Aspara 等，2011；Martins 等，2015）。组织特征包括组织战略、组织资源（机会、知识）和组织文化等。从战略视角出发的研究认为，创新商业模式的过程伴随着战略的调整，因为组织往往立足特定目标从事商业模式创新（Sinkovics 等，2014）。从组织资源出发的研究认为，资源、机会、知识等都是商业模式创新过程中必不可少的因素，因为商业模式创新本质上是对原有市场、技术和商业模式的创造性再设计，资源、机会和知识等为商业模式创新奠定了基础（云乐鑫等，2017；吴晓波和赵子溢，2017）。从组织文化出发的研究表明，组织文化也能够显著地促进商业模式创新。例如，那些内部鼓励创新组织文化的企业，其感知并把握机会、获取并转化应用资源以及赢得群体认同的能力更强，因而能够更好、更顺利地创新商业模式（Hock 等，2016）。另外，也有学者基于当前的数字化情境对商业模式创新进行了探讨，并指出数字化情境增强了企业以需求为导向而进行价值创造的逻辑（罗珉和李亮宇，2015），从而提高了市场主体对企业商业模式创新的驱动作用（Amit 和 Zott，2012）。因此，在商业模式创新过程中重视市场信息收集、分析和利用，保持战略敏感性至关重要（Doz 和 Kosonen，2010）。

此外，也有学者对阻碍企业进行商业模式创新的因素进行了分析，主要涉及促进因素的对立面、组织惯性与组织惰性及潜在风险等方面（吴晓波和赵子溢，2017）。例如，Chesbrough 和 Rosenbloom（2002）认为，组织领导者的认知能力不足是制约企业挖掘商业模式创新机会并成功变革商业模式的主要因素；Degen（2010）的研究表明，缺乏资源支持或商业模式创新所需资源与现有资源配置冲突，是导致组织囿于现有商业模式的主要原因；Sosna 等（2010）指出，企业管理者低水平的认知能力或存在认知障碍，将会限制他们思考现有商业模式并发现商业模式创新的机会，从而制约组织对现有商业模式的变革与创新；Huang 等（2013）的实证研究证实，组织惰性与商业模式创新间存在显著负相关关系，组织惰性会导致组织抗拒创新，而固守既有成功的商业模式。

（三）　商业模式创新的影响结果

自商业模式创新被提出以来就一直被认为是企业竞争优势的重要来源，对企业绩效、企业成长与竞争优势的积极作用也得到验证。主要体现在以下两个方面：第一，商业模式创新对企业绩效与企业成长的促进作用。商业模式创新对提升企业绩效的促进作用得到了越来越多学者们的认可，他们认为商业模式创新促使企业整合内外资源并对其进行调整，从而优化了关键流程，创造了新的盈利模式，进而降低成本并确保了高效率的价值创造，最终带来绩效增长（Casadesus-Masanell 和 Zhu，2010）。同时，也有学者通过实证分析探究了分维度的商业模式创新与企业绩效的正向影响（Wei 等，2014；Balboni 等，2019）。另外，Aspara 等（2010）还提供了深入并可靠的证据证实商业模式创新与企业财务绩效呈正相关关系。第二，商业模式创新对企业竞争优势的促进作用。Anwar（2018）指出，商业模式创新不仅是企业可持续发展的核心驱动力，更是企业开发新产品、降低成本与风险、提高声誉与品牌形象、增强创新能力，从而获得可持续竞争优势的关键选择。此外，在快速变化的市场环境中，企业日常运营需要应对持续的环境波动，因此即使企业启动了商业模式创新或处于商业模式转型过程也需要不断地对外部情境变化做出反应，这意味着战略灵活性对在不稳定环境中运营的企业非常重要。基于此，实践导向的研究强调，组织能够通过创新商业模式来增强战略灵活性。同时，既有实证分析也认为商业模式创新的某些元素增强了企业的战略灵活性（Bock 等，2011）。

进一步地，由于商业模式创新越来越受到学者的关注，研究综述与述评类文献不断增加，学者采用不同方法围绕着商业模式创新的前因及结果变量，并结合其中的调节机制梳理了既有研究、提出了相应的整合模型。例如，Foss 和 Saebi（2017）分析并梳理了 2000~2015 年的 150 篇商业模式创新论文，将其前因变量确定为组织外部因素（竞争、技术、网络和利益相关者需求变化）和内部因素（动态能力、战略变化），将其影响结果确定为财务绩效、创新和成本缩减，同时将影响驱动商业模式创新过程及商业模式创新作用发挥的权变变量确定为宏观上的竞争和规制等、组织层面上的文化和价值观等以及个体层面上的管理认知和开放性思维等，并据此汇总了商业模式重塑的研究模型。Zhang 等（2021）采用元分析方法论证了商业模式创新的内部驱动因素（管理认知、内部资源与能力和组织特性）、外部驱动因素（市场机会、情境变量、价值网络和技术创新)、影响结果(企业绩效)以及其中的权变因素(商业模式创新测量、企业绩效测量及环境不确定性)的合理性,并据此提出商业模式创新前因和结果变量理论框架。本书在他们提出的研究模型或理论框架的基础上,增添了可能的前因变量与结果变量,绘制了如图 2-2 所示的商业模式创新整合模型。

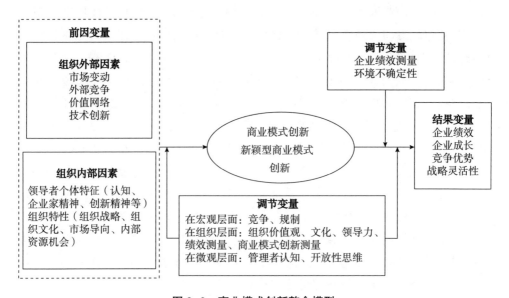

图 2-2　商业模式创新整合模型

资料来源:笔者根据相关资料整理。

四、管理解释文献综述

(一) 管理解释的概念与维度划分

管理认知理论指出,企业管理者每时每刻都需要对企业面临的外部环境、不同事件及未来的发展趋势做出评判,而由于环境与情境的 VUCA 性以及管理者个人的有限理性(接收信息、处理信息的能力有限),他们在做出评判与解释的时候会高度依赖个体认知,从而将环境与情境信息转化为可理解、可应用的内部信息,进而转移至组织生成相应的行动策略。因此,在管理认知的作用下,管理者会形成对环境、情境与信息的个性化、差异化态度,并由此产生个性化、差异化的组织决策与行动(Narayanan 等,2011)。

如前文所述，管理认知理论衍生出了管理解释的概念，管理解释同时存在个体和组织层面上的解析视角，而承接本书主题，本书对管理解释的理解立足组织层面。管理解释最早是由战略管理领域的学者 Dutton 和 Jackson 于 1987 年提出，他们认为管理解释本质上反映的是管理者对外部市场环境的评价情况。通常情况下，管理者会对环境做出选择性注意，并采用简化的手段来解释个中信息，进而对环境做出是机会还是威胁的判断（Dutton 和 Jackson，1987）。在此基础上，Dutton 和 Jackson（1987）区分了两种管理解释的分类标签，即机会解释、威胁解释。机会解释指的是管理者对提供可能的收益和合理控制的积极外部环境感知，相比之下，威胁解释指的是管理者对可能造成损失和相对较少控制的负面外部环境感知。两种解释都会系统地影响着管理者未来的目标与战略行动（Liu 等，2013）。由此，管理解释形成了两种完全不同的流派，即主张具有控制与获益强调的前景理论流派以及主张缺乏控制与损失强调的威胁刚性假设流派。他们分别对管理者在不确定性情境下感知到的机会与威胁进行了论证，这些选择都会影响组织行为。面对问题，遵循威胁解释的组织倾向于严格地从事常规活动，并按照行之有效的既有规则来控制那些似乎无法控制的事情；机会解释增强了管理者将问题视为潜在机会的认知以及对当前形势的掌控感，从而使他们敢于超越既有常规进行更高的风险承担活动（George 等，2006）。由此可以看出，影响管理者将外部情境或问题解释为机会或威胁的三个关键因素——积极/消极情绪关联、对盈利/损失的顾虑以及对可控性的感知（Dutton 和 Jackson，1987）。机会解释是积极情绪关联性的、带有营利性的、可以控制的外部情境；威胁解释是消极情绪关联性的、带有损失性的、难以控制的外部情境。同时，Chattopadhyay 和 Huber（2001）指出，管理者的两种解释认知图式之间存在关联性，但却并不是简单的线性关系，也就是说两者既不是正相关关系，也非负相关关系，而是彼此独立的、对立的极端选择，属于两个完全不同的构念。但总体而言，管理者将外部情境解释为机会或威胁，有助于降低模糊不清的外部信息的复杂程度、增强管理者感知到的外部信息的可预测程度及有效储存与交流信息的能力（Sharma，2000）。

在此基础上，有学者提出管理解释的两种认知图式并不是非此（机会解释）即彼（威胁解释）的关系，机会解释与威胁解释可能会出现共存的情况，即管理者会对外部环境形成矛盾性的解释，既有积极情绪关联又有消极情绪在其中，既有对未来盈利的感知又有可能造成严重损失的感知，既有高可控性的感知又有难以控制的感知(Tuggle 和 Bierman，2010；Yuan 等，2017)。由此，Yuan 等 (2017)将两种极端的解释认知图式整合起来，提出了矛盾解释的概念。他们认为矛盾解释是机会解释与威胁解释同时出现的状态，即积极情绪与消极情绪相结合、盈利感知与损失感知相结合以及易控与难以控制相结合的心态，来解释外部环境信息，且会随着环境需求有所变动。相对于机会和威胁解释，矛盾解释更有助于增强管理者对外部情境理解的深度，提高管理者在解决问题上的积极性与创造力，并提升企业对外部情境做出战略反应的速率(奉小斌和刘皓，2021)。

(二) 管理解释的影响因素

既有文献对管理解释影响因素的讨论较少，主要对认知、外部环境(事件)与信息特性等方面进行了考察。一方面，在认知对管理解释的影响上。前人的研究指出，管理者的认知复杂性与认知范式都会对管理解释产生影响，因为管理者自身的认知范式(外向型认知范式、判断型认知范式、直觉型认知范式与思考性认知范式)会影响到他们的情绪、对事件可控性及对市场形势的把握与判断，从而导致不同管理者会对情境做出差异化解释(White 等，2003)。同时，管理者个体的过往经历、既有知识与经验会影响他们对自身所了解事情的理解与价值创造。在衍生至团队层面上，管理者个体的认知不仅决定了他们所熟知和理解的事情，也会决定他们会选择如何影响团队内部其他个体能够熟知与理解的内容。更进一步地，在拓展至组织层面上，管理者的认知则会影响到其对组织战略的理解与解释。另一方面，在外部环境(事件)与信息特性对管理解释的影响上。既有研究表明，当外部事件有助于改善企业形象时，管理者更倾向于将其视为一种机会(Sharma，2000)。也有研究认为，某一事件是否是以往从未出现过的、是否会影响企业未来的品牌地位与企业声望以及企业在这一事件上是否是新进入者等，都会影响管理者感知到的竞争性，从而影响他们对事件的解释视角(Waarts 和 Wierenga，2000)。此外，另有研究认为，利益相关者压力也会对管理解释产生影响。因为利益相关者压力会通过影响管理者的认知及其对外部市场的解释，进而影响企业采取的创新行动(范群林，2016)。

(三) 管理解释的影响结果

管理解释的影响结果主要体现在组织战略决策、知识搜索、组织创新及环境管理等方面。

首先，管理解释会影响组织的战略决策。

第一，管理解释会影响管理者的风险决策。当管理者将待决策的问题看作机会或是认为企业能够从待决策的事件中获益时，他们更可能追求风险而从事冒险性活动；而当管理者将待决策的问题看作威胁或是认为企业会从待决策事件中产生损失时，他们则更可能为规避风险而从事保守性活动（Highhous 和 Yuce，1996）。

第二，管理解释会影响组织的应对战略选择。既有文献指出，组织应对外部环境波动性的战略措施并非完全取决于外部环境信息，而是在很大程度上受到管理者的认知（管理者解释）的影响。例如，当管理者将外部环境情境解释为机会时，他们更有信心掌控未来局面、处理不确定性并获取未来盈利，因而更可能制定出高积极性、冒险性与创造性的进攻性战略决策，以最大限度扩大收益（Thomas 等，1993）。因为机会解释与积极结果和收益预期相关，会对管理者产生强大的心理影响，并给管理者提供一个积极的未来预期，增加管理者的积极认知和动机，有助于提高他们的控制感和抑制感知威胁的心理体验。特别是，机会解释增强了管理者对他们控制不确定性和实现预期结果的能力的信心。由此，当管理者将外部环境解释为机会时，管理者更有可能追求外部导向的组织行动，更有可能从事风险更大的活动（Liu 等，2013）。除此之外，另有研究认为，管理者从机会视角解释外部情境能够显著提升组织内部做出积极响应的效率（Sharma 和 Nguan，1999）。但当管理者将外部环境情境解释为威胁时，管理者更可能产生对未来的焦虑感和压迫感，使他们放大对外部环境或事件中的风险性和危险性感知，导致在制定战略时更可能采取保守的、规避风险的措施，以最大限度降低可能造成的损失（Staw 等，1981；Sharma，2000）。因为威胁解释会引起管理者的心理压力和焦虑，可能会导致管理者出现撤退、退缩、资源保存与信息处理限制等现象，例如，缩小注意范围、简化信息或使用常规方法等。在威胁解释下，管理者面临着负面结果的风险，会相对地减少对情境的控制以抵消这些负面看法，因此他们更有可能对自身可控的领域做出应对（Liu 等，2013）。然而，Chattopadhyay 等（2001）的研究认为，管理者也有可能在威胁解释的情况下，变身冒险者进而实施重大变革以险中求胜。

第三，管理解释还会影响组织的环境战略。Sharma（2000）的研究发现，管理者从不同的视角解释外部环境会影响组织采取的环境战略。例如，当管理者从机会视角解析外部情境时，组织会倾向于采取自愿性的环境战略；而当管理者从威胁视角解析外部情境时，组织则会倾向于采用反应性的环境战略。和苏超和黄旭（2019）则指出，管理者从机会视角解析外部情境信息会对组织的前瞻型环境战略产生积极影响，而如果管理者从威胁视角解析外部情境信息的话则会促进组织的反应型环境战略。

其次，管理解释对知识搜索行为（跨界搜索/内部搜索/外部搜索）的影响也得到了较多学者们的关注。如前文所述，以往文献指出机会解释能够增强管理者在掌控未来局势、处理不确定性并获得盈利的自信心。在此背景下，管理者倾向于立足未来，更多地参与到长周期的外部知识搜索活动的制定与实施中（Chiang 和 Hung，2010）。Liu 等（2013）指出，由于外部搜索知识的活动通常具有时间长、成本高、不确定性高和困难高的特性，只有当管理者将外部环境视为机会的情况下，组织才会实施外部搜索活动。否则，企业不会促进外部搜索的广度与深度。而当管理者将外部环境信息解释为威胁时，组织更可能实施保守性的内部搜索活动，因为管理者感知到威胁会导致外部环境潜在的风险更加突出，管理者更倾向于规避风险，并严格遵循常规的、熟悉的活动。因此，威胁解释加剧了管理者的防御心态，进而使组织减少不必要的外部资源搜索，并相应地更多追求内部指导下的组织行为。因为与外部指导的行动相比，内部指导的行动与更高的控制水平和更低的风险水平相关联，由此更有可能促进内部知识搜索与利用（Liu 等，2013）。

最后，管理解释也能够对组织创新产生影响。如前文所述，当管理者将外部环境信息解释为机会时，组织更可能实施外部知识搜索活动，而外部知识搜索活动能够显著增加组织内部知识广度与深度，进而增强组织从事创新性和创造性活动的能力（Chiang 和 Hung，2010）。学者的研究也表明，当管理者将外部环境解释为机会时，他们倾向于在突破性创新上投入更多关注与资源（Ginsberg 和 Venkataraman，1992）。除此之外，从机会视角解释外部环境还有助于增强组织内部对事件的即兴反应能力，以及相应的突破性创新想法与思路得到组织内部支持的程度（White 等，2003）。例如，杨大鹏（2017）的研究考察了三种管理解释方式对探索式和利用式二元创新的差异化影响，并发现管理者从机会视角解释外部环境信息对探索式创新有积极影响。从威胁视角解释外部环境信息对利用式创新有积极影响，而从矛盾结合的视角解释外部环境信息则能够促进探索式创新与利用式创新间的平衡，帮助组织实现二元性。

五、组织韧性文献综述

(一) 组织韧性研究的整体趋势分析

为了深入地刻画组织韧性的研究现状，本书收集了国际及国内发表的与组织韧性相关的文献，并进行了网络分析。具体的实施过程如下：首先，在 Web of Science 数据库中以"organization resilience""organizational resilience"为关键词检索相关文献，并在中国知网数据库中以"组织韧性"为关键词检索相关文献；其次，对检索到的中外文献进行精确的人工筛选以确定组织领域内的组织韧性文章，并剔除无关或其他领域诸如城市建设、社区管理等方面的文章；最终精选出2010~2021 年发表的 78 篇外文文献以及 58 篇中文文献导入到 citespace 中进行关键词共现分析，分析结果见图 2-3 和图 2-4。

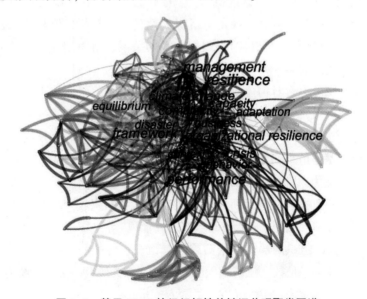

图 2-3　基于 WOS 的组织韧性关键词共现聚类图谱

关键词共现聚类是了解当前学者们共同关注点和研究热点的重要途径，关键词出现的频次及其中心性越高，说明这一主题得到的学者的共同关注越多。图 2-3 所示，国外学者主要关注的组织韧性主题包括"组织韧性""韧性""组织""绩效"和"框架"，相关的次要主题包括"商业""适应性""复杂性""灾难"

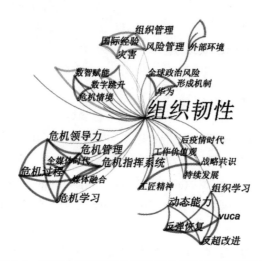

图 2-4　基于中国知网的组织韧性关键词共现聚类图谱

"气候变化""行为""情境"和"危机"。总的来说，国外在组织韧性研究范畴的界定上较为宽泛，学者从多个视角对组织韧性进行了分析，但总体而言相关主题主要围绕着危机（即逆境事件）与组织韧性的关系、组织韧性与绩效的关系以及组织韧性的概念框架等方面。尽管外文期刊发表的若干最新文章已经开始关注到组织内部积极因素对构建组织韧性的影响，但相关研究较少，无法在关键词共现中体现出来。

从国内文献的关键词共现聚类结果上来看，相关研究主要分成了三大主流（见图 2-4）：一是组织韧性内涵界定的相关研究。学者围绕着"反弹恢复""反超改进""动态能力"以及"组织学习"等对组织韧性的内涵进行了分析。二是危机下组织内部管理视角的组织韧性相关研究。学者围绕着"危机过程""危机学习""危机指挥系统""危机领导力"以及"危机管理"等主题展开了相关讨论。该研究主流开始关注组织内部能够激活或提升组织韧性的积极因素，例如，领导力、组织学习等。三是数字化情境下的组织韧性相关研究。学者围绕着"数值赋能""数字跳升"及"危机情境"等进行了深入探析。

（二）组织韧性的概念缘起

韧性源自动词"Resile"一词，它表示反弹的意思，即回到原始状态（Alexander，2013）。在物理和工程学中，韧性主要用于描述一种材料能够吸收能量而不变形的特性，它可以在保持形式、强度和功能不变的前提下应对外力或干扰

（Norris 等，2008）。在生态学中，韧性指的是生态系统能够承受变化和干扰而不改变其基本平衡的能力（Holling，1973；Folke，2006）。在心理学中，韧性指的是个体在经历了压力后，借助自身的心理资源而恢复到平常状态的过程（Berinsky 等，2012）。在组织领域，早期韧性主要用以描述组织中的个人在应对创伤，处理危机、不利和富有挑战性情况时所表现出来的适应性、弹性和坚韧不拔的能力，可以看作心理韧性与员工韧性，而韧性强的员工能够在工作场所中茁壮成长，其适应和学习能力更强，且心理韧性还能够显著正向影响员工韧性（Prayag 等，2020）。

建立在心理韧性和员工韧性的基础上，组织韧性的概念逐渐进入大众视野，但相关研究却呈现纷然杂陈之态。不同的学者基于不同的视角，或静态或动态，或资源或能力，或战略或过程提出了组织韧性的定义，将其看作组织对外部威胁的反应、组织的可靠性、员工的优势、商业模式的适应性以及减少供应链的脆弱性和中断等。Staw 等（1981）从进化论的视角对组织韧性进行了分析，指出组织韧性遵循"变异—选择—保留"的自然进化机制，强调组织韧性指的是企业如何规避外部威胁以及由于刚性而出现的不适应结果。而后学者对组织韧性的研究经历了"正常事故理论→高可靠性组织→外部的恐怖事件、灾难和危机等的应对"的过程。近年来，伴随各种危机事件的频发、VUCA 环境的不断深化以及数字技术的不断发展，思考如何提升企业组织韧性成为帮助企业实现可持续发展不可或缺的路径。由此，组织韧性的相关研究不断涌现，并呈现出百花齐放的特征（赵思嘉等，2021；李平和竺家哲，2021；Avey 等，2011；Linnenluecke 和 Griffiths，2012；Dollwet 和 Reichard，2014）。

（三）组织韧性的定义与维度划分

1. 组织韧性的定义

不同学者给出了不同的组织韧性定义，至今尚未有达成较为一致的定义方式。综合不同学者的研究能够发现两个问题：

一方面，从视角的层面上来说，学者主要从特质、能力、流程、结果以及整合的角度对其进行了分析。将组织韧性视为特质的学者们有 Horne 和 Orr（1998）以及王勇和蔡娟（2019）等；将组织韧性视为能力的学者有 Ager、Fiddian-Qasmiyeh 等（2015），Carvalho 和 Areal（2016），以及 Ma 等（2018）；将组织韧性视为流程的学者有 Staw 等（1981）、McManus 等（2008）、Lee 等（2013）以及王钦

(2020)等;将组织韧性视为结果的学者有 Ager、Lembani 等(2015),以及 Sahebjamnia 等(2018),等等;从整合视角看待组织韧性的学者有 Tengblad 和 Margarete(2019)、Duchek(2020)等。具体见表 2-2。

表 2-2　不同视角下的组织韧性定义

序号	作者(时间)	定义	视角
1	Horne 和 Orr(1998)	组织韧性是组织的一种基本特质,使组织能够应对破坏性事件而不陷入长期倒退	特质
2	王勇和蔡娟(2019)	只有那些具有组织韧性的企业才能在 VUCA 情境下保持积极性和适应性,它能够帮助企业应对 VUCA,消除不利因素,并适应新环境	
3	Ager、Fiddian-Qasmiyeh 等(2015)	组织韧性是预测、承受外部压力和冲击并从中反弹的能力	能力
4	Carvalho 和 Areal(2016)	组织韧性不仅包括组织应对威胁和压力从而恢复的能力,也包括组织从逆境中实现成长和发展的能力	
5	Ma 等(2018)	组织韧性是企业在不确定的逆境或危机下实现适应、生存、恢复甚至成长与发展的组织能力	
6	Staw 等(1981)	组织韧性是指企业如何规避外部环境中威胁性因素以及由于刚性而出现的不适应结果的过程,经历了"变异-选择-保留"过程	流程
7	McManus 等(2008)	组织韧性是一个管理流程,包括建立情境意识、管理关键漏洞以及提高适应能力这三个要素	
8	Lee 等(2013)	组织韧性是组织从所面临的挑战中吸取经验,在适应和变革中改变,在挑战中茁壮成长的过程	
9	王钦(2020)	组织韧性源于物理学,相对于物理学对韧性的对外部冲击能量的吸收能力,组织韧性指的是企业吸收外部的冲击并采取有效应对行动的过程	
10	马浩(2020)	组织韧性的行动与应对链及认知和学习链,行动与应对链针对预测和恢复,认知和学习链则与适应和超越有关	

序号	作者(时间)	定义	视角
11	Ager、Lembani 等(2015)	认可英国国际发展署的观点,将组织韧性定义为面对冲击或压力时,组织在不损害长期前景的条件下通过维持或改变标准来管理变化的能力。同时他们还指出与其说组织韧性是一系列保护因素的集合,不如说是一系列相关作用的系统和影响因素在不同层面上运作的结果	结果
12	Sahebjamnia 等(2018)	组织韧性指的是企业在中断期间维持关键业务连续性的功能	
13	Tengblad 和 Margarete(2019)	组织韧性可同时理解为特质、流程、能力和资源。特质处于第一层次,包含脆弱性感知、合作意愿、采取行动的能力及领导者鼓励即兴发挥和学习的能力;流程处于第二层次,涉及监控能力、预测能力、反应能力和学习能力;能力处于第三层次,指的是可靠性、效率和变革的能力;资源处于第四层次,包含财务、技术和社会资源;基于"变异-选择-保留"的进化过程是第五层次,意味着组织韧性会随时间推移而不断形成和演化,因而每个组织都应该有属于自己的组织韧性方案	整合
14	Duchek(2020)	整合了预测、应对和适应的视角,提出组织韧性是预测环境中的潜在威胁,有效地应对不利事件,以及适应不连续变化的能力	

资料来源:笔者根据相关文献整理。

另一方面,从发展阶段的层面上来说,其概念的发展经历了三个阶段:第一个阶段,学者将其理解为组织受到干扰之后或在抵抗不利情形时表现出的,能够恢复到正常水平的能力(Williams 等,2017;Buyl 等,2019;Sajko 等,2021;El Nayal 等,2020);第二个阶段,学者发展了组织韧性的内涵,认为组织韧性不仅是一种恢复能力,也关注对正常水平的超越,即关注组织过程和能力的发展(Linnenluecke,2017;Massa,2017;王勇,2019);第三个阶段,学者又将预测和预防能力纳入到了组织韧性的内涵中(李平,2020)。

2. 组织韧性的维度

组织韧性的维度划分伴随着其概念的发展而不断发展变化,与其概念存在的争议类似,学者们也未对组织韧性的维度划分达成较为一致的观点。按照学者们观点提出的先后顺序,本书梳理了组织韧性维度划分的相关研究,具体见

表2-3。具体而言,Weick 和 Roberts(1993)提出,组织韧性包括修复能力、判断能力以及角色系统三个维度;McManus(2007)构建了组织韧性的"相对全面的韧性"模型,即 ROR 模型,将组织韧性划分为三个维度,分别是情境感知、关键事件管理以及适应能力;Tierney(2008)视组织韧性为一个系统,构建了组织韧性的4R模型,分别从稳健、冗余、充足以及快速性四个维度测度了组织韧性;Stephenson 等(2010)对 McManus(2007)开发的 ROR 模型进行了完善,认为组织韧性主要包括两个维度,分别是适应能力和规划能力,并从这两个方面对组织韧性进行了测度;Oxfam(2013)指出,组织韧性包括多样性、连通性、利用不同形式的知识、冗余、平等和包容性以及高水平的社会凝聚力和资本;Umoh 等(2014)认为,组织学习、适应能力以及动态能力是组织韧性的三个关键维度,并从这三个方面对其进行了测度;Walker 等(2014)首次将组织韧性划分为了计划韧性和适应韧性两个维度,并指出计划韧性是组织预先存在的,能帮助企业避免或将危机的影响降至最低,适应韧性是灾后出现的,组织借助于适应韧性发展出了新的能力,他们还认为适应韧性的影响要高于计划韧性;Kantur 和 Iseri-Say(2015)、王勇(2019)以及赵思嘉等(2021)从三个方面对组织韧性进行了测度,提出组织韧性主要包括适应能力、恢复能力和情境意识;Ager 等(2015)认为,韧性是一种复杂的适应系统,是一系列因素相互作用的结果,指出能够驱动卫生系统组织韧性的三个主要因素是:政府意愿、社区资源和凝聚力以及员工的承诺与动力;Barasa 等(2018)的研究指出,物质资源、准备和规划、信息管理、冗余、治理过程、领导做法、组织文化、人力资本以及社会网络和协作共同构成了组织韧性;段升森等(2021)则从适应恢复能力和整合优化能力两个方面测度组织韧性。

表2-3 组织韧性的维度划分相关研究

序号	作者(时间)	维度划分
1	Weick 和 Roberts(1993)	修复能力、判断能力以及角色系统
2	McManus(2007)	情境感知、关键事件管理以及适应能力
3	Tierney(2008)	稳健性、冗余性、充足性以及快速性
4	Stephenson 等(2010)	适应能力和规划能力
5	Oxfam(2013)	多样性、连通性、利用不同形式的知识、冗余、平等和包容性以及高水平的社会凝聚力和资本

续表

序号	作者(时间)	维度划分
6	Umoh 等(2014); Walker 等(2014)	组织学习、适应能力以及动态能力
7	Fotios(2020); 马浩(2020); 刘书博(2020)	计划韧性和适应韧性
8	Ager 等(2015)	政府意愿、社区资源和凝聚力以及员工的承诺与动力
	Kantur 和 Iseri-Say(2015); 王勇(2019); 赵思嘉等(2021)	适应能力、恢复能力和情境意识
9	Barasa 等(2018)	物质资源、准备和规划、信息管理、冗余、治理过程、领导做法、组织文化、人力资本以及社会网络和协作
10	段升森等(2021)	适应恢复能力和整合优化能力

资料来源：笔者根据相关文献整理。

(四) 组织韧性的前因变量

本书从组织外部与组织内部两个方面分别对组织韧性的前因变量进行了系统梳理(见图2-5)。

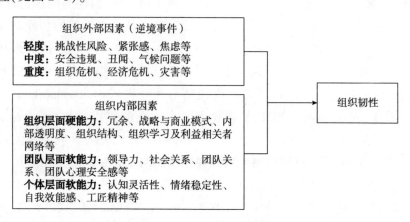

图2-5 组织韧性的前因变量

资料来源：笔者根据相关文献整理。

1. 组织外部因素与组织韧性的关系

有关组织韧性的理论探究表明，逆境事件是激发企业组织韧性或提升企业韧性水平的关键因素。但不同学者对逆境事件的区分方式不同，纳西姆（2014）根据逆境事件是否是脆弱的和易受干扰的，区分了脆弱性与非脆弱性逆境事件两类组织韧性的前因变量；李平（2020）则根据干扰的严重程度，将组织韧性的前因变量划分为两类：VUCA 情境下的逆境事件以及非 VUCA 情境下的逆境事件。前者的干扰性远高于后者。而后，李平和竺家哲（2021）又结合纳西姆（2014）和李平（2020）的观点，从环境的 VUCA 性以及易受干扰性两个方面，将激活组织韧性的前因变量划分为轻度、中度和重度逆境事件，并总结了相关因素。例如，挑战性风险、压力、焦虑和紧张等轻度逆境事件，产品召回、丑闻以及气候问题等中度逆境事件，以及组织危机、经济危机和灾害等重度逆境事件。同时，李平和竺家哲（2021）指出，不同危害程度的逆境事件会激发组织不同的反应机制，从而使企业表现出组织韧性的不同方面。例如，相对于中度和重度的逆境事件，轻度的逆境事件可能只能够增强企业快速从逆境中恢复的能力，即组织韧性的计划性，而那些中度和重度的逆境事件才能真正激发企业反思、学习与改进的动力，从而实现反弹与赶超，即组织韧性的适应性。值得一提的是，有关组织外部情境因素，即逆境事件对组织韧性影响的文献，仍停留在理论的设想阶段或案例推演阶段，鲜有相应的实证分析。

2. 组织内部因素与组织韧性的关系

就研究的理论意义与实践价值而言，挖掘影响组织韧性的组织内部因素，相比组织外部的逆境事件更加重要。近年来，学者从资源、架构和战略等硬能力以及情绪、认知和关系等软能力两个方面，对影响组织韧性的内部因素展开了丰富的讨论。硬能力主要体现在组织层面上，涉及的相关变量包括财务与资源冗余（Linnenluecke，2017）、可行的战略与商业模式（Linnenluecke，2017）、内部透明度（Al Balushi，2021）、平衡及去中心化的组织结构（Andersson 等，2019；van der Vegt 等，2015）、组织学习（Mousa 等，2020）及利益相关者网络（Mousa 等，2020）等。软能力则主要体现在团队与个体层面上。团队层面上的因素主要包括领导力（创业型领导、积极领导等）、社会关系、团队关系、团队心理安全感等（赵思嘉等，2021；王勇等，2021；Williams 等，2017；Barton 和Kahn，2019；Williams 和 Shepherd，2016）。个体层面上的因素主要指员工的个体特质，如认知灵活性、情绪稳定性、较高的自我效能感、心智模式、工匠精神等(van der Vegt 等，2015；Linnenluecke，2017；Williams 等，2017；段升森等，2021)。不同于组织外部的逆境事件对组织韧性影响的研究，探讨组织内部因素对组织韧性积极作用文献中的实证分析，正呈现不断增长的态势，因此，以实证分析方式挖掘并验证组织韧性的前因变量是未来的一个重要研究趋势。

(五) 组织韧性的结果变量

组织韧性的影响结果主要体现在组织绩效和成长方面。例如，Rodríguez-Sánchez 等(2019)通过实证检验的方式证实了，组织韧性对企业绩效的积极影响；王勇(2019)同样以实证检验的方式对组织韧性的影响效益进行了分析，其研究表明，组织韧性能够促进新创企业成长；Kim 等(2020)的研究指出，组织韧性有助于提升企业员工工作熟练度、适应性和主动性，从而增强危机下的企业组织效能；Moran 等(2016)的研究则提出，组织韧性能够提升企业内部制度的有效性。诚然，组织韧性的积极影响不仅仅局限在绩效与企业成长方面，但由于当前有关组织韧性的研究较多聚焦在其前因变量的讨论上，即分析如何构建组织韧性的问题，有关结果变量的探讨相对较少。

六、文献述评

建立在上文对双元市场导向、资源编排、商业模式创新、管理解释及组织韧性的既有文献总结、梳理和分析后，本书提出以下重要文献信息：

一方面，既有组织韧性的相关研究主要围绕其原则、特征及其对绩效和企业成长的影响(Rodríguez-Sánchez 等，2019；Barasa 等，2018)。例如，Linnenluecke(2017)按照时间顺序梳理了组织韧性的概念源起和概念发展；Tengblad 和 Margarete(2019)整合了以往学者提出的组织韧性特征，界定了一个组织韧性定义的五层次框架；Williams 等(2017)指出，组织韧性有助于提升组织内部员工的幸福感，从而使集体更积极地应对组织失败和组织弱点。同时，他们还发现组织韧性也能够更好地刺激投资者的正向反应；此外，也有学者的研究表明，组织韧性可以帮助提升企业的财务能力、激活资源效用、增加合作机会等(Stoverink 等，2020)。关于组织韧性前因变量的探讨则大多集中在各种类型的逆境事件上，即探究不同危害程度的逆境事件对组织韧性的刺激作用。通过李平和竺家哲(2021)对组织韧性的这类前因变量进行的梳理发现，按照逆境事件程度的轻重主要有三类逆境事件能够作为组织韧性的前因，分别是轻度(涉及挑战性风险、紧张感、焦虑等因素)、中度(涉及产品召回、丑闻等因素)和重度(涉及组织危机、经济危机和灾难等因素)。诚然，组织确实能够利用危机所形成的压力、紧张等推动实现组织能力的升级从而提升企业的韧性水平，但事实上无论是自然灾害和工业事故等突发事件的增加，还是新冠疫情的全球蔓延，这些刺激或干扰因素频发的背后都反映出市场环境的 VUCA 性已成为一种常态(单宇等，2021)。如前文所述，在此背景下，关注组织内部能够促进组织韧性形成因素更为重要。而且，最新的研究已经将关注点转移到组织内部某些积极面，诸如领导力、战略举措、价值观等。从组织内部挖掘组织韧性形成机制的文献也呈现出逐渐发展、丰富和深入态势。例如，赵思嘉等(2021)、王勇和蔡娟(2021)分析了创业型领导和积极领导力对组织韧性的积极影响；Al Balushi(2020)、Andersson 等(2019)及诸彦含等(2019)指出，组织内部透明度、平衡组织结构和行动导向及战略制定与执行是组织韧性产生的重要路径之一；段升森等(2021)则剖析了工匠精神对构建组织韧性的促进作用。因此，鉴于创业企业自身的新生和小型劣势、组织韧性对创业企业的重要性以及数字化和 VUCA 的新常态情境，挖掘促进组织韧性构建或促进组织韧性水平提升的组织内部积极因素，不仅是一项值得深入探究的课题，也是当前国内外学界和业界关注的焦点。

另一方面，双元市场导向的研究较为丰富，学者围绕着其对组织绩效和创新的影响展开了讨论，但相关研究结论并不一致(周飞等，2019)。就本书的研究主体——创业企业而言，相关研究也逐渐增长。学者认为，创业企业想要生存和发展就必须面向市场与客户，这使双元市场导向成为创业企业普遍采用的战略措施之一(何会涛和袁勇志，2019)。然而，作为创业企业普遍应用的一个战略措施，既有文献对双元市场导向与组织绩效或创新间的关系却尚未得出一致性结论。由此，产生了另外两个问题：一是双元市场导向与组织韧性的关系如何；二是既然创业企业普遍是以双元市场导向从事活动，那么是否所有的创业企业均能够构建起组织韧性，实现可持续发展。尽管上述两个问题尚未得到学者的理论与实证分析，但这一问题的答案显然具有两面性：一是双元市场导向能够在一定程度上促进组织韧性水平的提升，因为坚持双元市场导向强调满足市场与顾客需求，并从事创新活动以开发潜在市场与潜在客户，同时双元市场导向也反映了一个企业个性化应用市场资源的能力，有利于构建起创业企业在市场上的差异化竞争优势，从而增强组织韧性(Kirca，2011；李妹和高山行，

2012；何会涛和袁勇志，2019）。二是并不是所有坚持双元市场导向的创业企业都构建起了组织韧性，因为创业企业高失败率是一个不得不承认的事实。因此，那些坚持双元市场导向的创业企业，在内部实施何种活动才构建起了组织韧性，即创业企业双元市场导向与组织韧性间的作用机制是什么值得我们进一步探究。鉴于此，本书以创业企业双元市场导向为组织韧性的前因变量，深入挖掘并剖析了两者间的作用机制。

第三节　本章小结

本章对实证分析使用到的基本理论与所有构念的既有研究进行了总结与梳理，为下一章中研究假设的提出与研究模型的构建奠定了基础。具体体现在以下三个方面：

第一，系统地回顾并梳理了组织信息处理理论、组织双元理论、组织适应理论以及管理认知理论的基本内容，从而为下文概念模型与研究模型的构建提供了理论上的借鉴和指导。

第二，全面并详细地总结了理论模型中使用到的所有构念的内涵、维度、测量、前因及结果变量。

第三，对既有研究现状进行了述评，挖掘出了以往相关研究的空白与不足之处。此外，本章的论述找到了链接创业企业双元市场导向与组织韧性间关系的理论基础，并结合组织适应理论为资源编排和商业模式创新两个中介变量的引入奠定了基础，同时结合管理认知理论阐释了管理解释这一调节变量的引入。

第三章
变量界定与概念模型推演

第一节　研究问题提出

在第二章回顾既有双元市场导向、资源编排、商业模式创新、管理解释与组织韧性文献后发现，学者尚未对上述构念的概念内涵与维度划分达成一致。同时，双元市场导向、资源编排与商业模式创新如何影响到组织韧性，以及管理解释在其中发挥的权变影响也尚处于待探索阶段，需要进一步的理论推演与验证。

根据组织适应理论，企业想要在动态的环境中维持生存并获取超额利润和竞争优势就必须动态地将自身的资源、技术和经营模式朝着符合环境变化要求的方向配置、发展和变革，而这些又依赖企业感知环境、把握市场的能力（李维安等，2020），因为任何变化中唯一不变的便是满足顾客需求。特别是在当前的数字化情境下，流通范围更广、速度更快和效率更高的数据与信息催生了多样化和个性化的客户需求（Nambisan，2017），创业企业只有不断地变革和创新以响应客户需求才能为自身创造生存空间。换言之，数字化情境强化了市场信息对创业企业组织韧性的影响。并且有研究指出，双元市场导向是数字化情境下创业活动的重要特征之一（Nambisan，2017）。具有鲜明双元市场导向的创业企业重视市场信息的收集、分析和利用，不仅增加了资源获取与商业模式创新的机会，也能通过与市场主体之间的互动和联系创新交易内容、结构和治理，创造新价值，对提升组织韧性具有显著的积极作用。然而，经过本书第二章的文章回顾发现，既有双元市场导向影响效应的研究结论处于发散性状态，而本书认为导致这一现象出现的原因有两个：一是以往文献尚未分维度考察响应型市场导向与先动型市场导向的差异化影响。两种市场导向所遵循的价值逻辑有所不同，彼此相互独立又相互联系，组合之后对组织韧性的产生的净效应可能会出现不确定性。二是可能缺少了对影响双元市场导向效应发挥的权变因素的考察。双元市场导向使得大量的外部市场信息涌入组织内部，管理者如何诠释并定义这些信息是组织下一步应对措施选择的关键决定因素。因此，管理解释在双元市场导向影响组织韧性的关系中就变得尤为重要。

需要特别强调的是，组织适应理论指出企业会采取行动以响应环境，本书认为，创业企业主要从资源与创新行动方面做出响应，因而从资源（资源编排）与创新（商业模式创新）来区分相关行动。从资源行动的角度来说，资源编排理论指出，有价值的资源并不等同于实现了资源的价值，只有借助编排行动实现对以市场为导向的创业企业从市场中获得的信息等资源进行有意识的应用才能发挥资源效用（Sirmon 等，2011），进而提升组织韧性水平。从创新行动的角度来说，在数字化情境下，以需求为导向的价值创造逻辑增强了市场主体对创业企业商业模式创新的驱动作用（罗珉和李亮宇，2015），而变革后的商业模式响应了环境变动，因而必然会对组织韧性产生积极影响。但进一步地，与双元市场导向相同，资源编排与商业模式创新均是多维构念，不同维度间遵循的基本理念不同，有关它们对组织韧性的直接影响及其在双元市场导向与组织韧性间的中介作用有待分维度的理论推演与实证考量。

总的来说，本书主要围绕着五个研究问题展开，并在下文的五个研究假设中对这些问题进行理论上的推演：①双元市场导向是否对组织韧性存在积极影响，表现在哪些方面；②双元市场导向是否也能够对资源编排和商业模式创新产生积极影响，具体表现在哪些方面；③资源编排与商业模式创新对组织韧性的影响如何；④资源编排与商业模式创新能否在双元市场导向与组织韧性间发挥中介作用；⑤管理解释在双元市场导向与组织韧性间能否发挥调节作用，具体发挥怎样的调节效应。

第二节　核心概念界定

一、创业企业的界定

学界对创业企业的界定标准不同，相关研究主要从两个方面展开。一方面，学者根据企业所处的生命周期来定义创业企业。从生命周期来看，学者对创业企业所处的生命周期也尚未达成一致。有学者将处于创建（前）阶段与早期成长阶段的企业视为创业企业（Holt，1992），也有学者将处于成熟阶段之前的企业视为创业企业（Kazanjian，1998）。另一方面，学者根据企业成立时间确定其是否为创业企业。从成立时间上来看，学者对创业企业的成立时间界定也尚未达成一致。一般而言，成立时间小于或等于 8 年的企业被视为创业企业（Zhang 和 Li，2010；赵坤等，2021）。同时，也有学者将成立时间在 2 年以上、9 年以下的企业视为创业企业（Larson，1992；符健春等，2008）。另有学者将成立 10 年以下的企业视为创业企业（彭学兵等，2016；彭学兵等，2017），还有学者认为创业企业需要有完整的生命周期且成立时间在 10 年以上（苏敬勤等，2017）。此外，也有学者将创业企业的成立时间界定为 15 年（张敬伟和王迎军，2014；云乐鑫等，2017）。

近年来，从时间视角界定创业企业的观点得到了众多学者的认可与应用，因为确定企业所处的生命周期相对困难，且从生命周期确定创业企业只能是一种模糊界定法。此外，从生命周期视角界定企业是否为创业企业需首先对生命周期的概念做出考量。因此，本书顺承以往研究惯例，从时间视角界定创业企业，并结合组织韧性的研究主题，将成立时间低于 10 年的企业视为创业企业。

二、双元市场导向的界定

梳理已有双元市场导向的文献可以发现，市场营销领域的研究认为，实现组织目标的关键在于如何比竞争对手更好地、更有效地识别并满足目标市场客户的现有与潜在需求。而双元市场导向的构念便是对企业识别并满足顾客需求方面倾向程度的描述（Narver 等，2004、2010）。通常情况下，企业需要面对两种形式的客户需求：一是显性需求（客户已经表达的需求），二是隐性需求（潜在的客户需求）。对市场中的创业企业而言，它们必须首先考虑并满足客户的显性需求，但仅满足顾客表达出来的需求可能无法吸引、保留住客户。因为顾客表达出来的需求很容易被竞争对手模仿，导致企业在未来不得不参与到激烈的价格竞争中。为了避免这种价格竞争，创业企业就需要超越竞争对手并挖掘顾客潜在需求，即引领顾客需求，这就产生了双元市场导向。虽然既有文献存在多种双元市场导向的定义方式，且各种概念之间也存在差异，但他们仍然存在重叠且所表达的双元市场导向本质是一致的：双元市场导向关注市场信息的识别和获取、市场信息在企业内部的传播和协同应用，并致力于创造一种比竞争对手更优越的客户价值（Cadogan，2003；James，2019）。

关于双元市场导向的维度划分，大多数学者认同 Narver 等（2004）对双元市场导向的维度划分。我们顺承既有研究范式，使用 Narver 等（2004）的双元市场导向维度划分，认为双元市场导向由响应型市场导向和先动型市场导向组成。响应型市场导向侧重理解、处理并满足客户表达的需求，而先动型市场导向侧重挖掘、处理并满足顾客新颖的、潜在的未来需求，即顾客尚未表达的、不知道的价值机会（Wang 和 Liu，2019；刘云等，2020）。

三、资源编排的界定

梳理已有资源编排的文献可以发现，资源编排存在对象视角和行动视角下的定义方式。而由于对象视角下资源编排仅仅界定了资源编排行动的作用对象，大多数学者主要认同行动视角下资源编排定义方式（黄昊等，2020）。本书顺承这一研究范式，遵循资源编排行动视角下的定义方式，认为资源编排是创业企业吸收、整合和应用内外部资源并结合环境因素维护企业可持续发展，从而产生组织效益的综合性资源管理过程，涉及资源吸收、资源整合和资源应用等子过程（Queiroz 等，2018；Wang 等，2019）。资源吸收是创业企业获取和积累各种资源的过程；资源整合是创业企业配置、丰富和开拓资源以构建资源组合从而塑造能力的过程；资源应用包含配置和部署等一系列行动，目的是协调和平衡资源或资源组合以应用于特定的市场机会和项目或创建新的市场或解决方案（Wang 等，2019）。

就创业企业为提升组织的韧性水平而实施的资源编排活动而言，创业企业在对市场信息进行密切洞察的基础上，不仅要基于现有手段对新旧知识资源进行渐进式的整合与转化应用，还必须跳跃既有手段，采用更新后的编排范式对新旧知识资源进行非连续性的整合与转化应用。同时，正如资源编排文献综述章节所描述的，以往文献对资源编排的维度划分主要基于资源编排内部潜在的子过程，先后提出了资源构建、资源束集与资源撬动（Sirmon 等，2007）、资源访问、资源重新部署与资源修剪与互补（Baert，2016）、资源稳定、资源充实与资源开拓（Yi 等，2016）以及资源吸收、资源整合与资源应用（Queiroz 等，

2018；Wang 等，2019)等多组概念。但如果一个构念的不同维度之间有着明确的关联性而缺失了一定的独立性，就如资源编排的子过程一样，每一子过程之间存在先后顺序的关系，仅从子过程视角划分一个构念的维度是不完备的，将会限制相关实证研究的开展。此外，从资源编排包含的子过程划分其维度主要回答的是，从哪里获取资源进行编排、编排什么以及如何编排等问题，并没有涉及创业企业资源编排的策略选择及其与双元市场导向的关联性问题。鉴于此，本书拟结合组织双元理论与双元市场导向的观点，解构创业企业资源编排的行动策略（Tushman 和 O'Reilly，1996；Narver 等，2004；臧树伟等，2021；Wang 等，2023)，将资源编排划分为适应式编排与变革式编排。适应式编排以组织内部既定技术范式编排资源，这一编排策略强调组织为了快速响应现有市场需求变动，而被动做出的资源方面的调整（引进外部资源）、整合与转化应用（借助既有手段消化吸收新旧资源或资源组合，并依赖现有资源编排范式对消化吸收后的资源或资源组合进行再创新从而实现被动差异化）选择，带有强烈的"模仿"性质，属于保持"相似"的追赶战略。变革式编排尝试突破既定技术轨迹，并应用新的技术范式编排资源，这一编排策略强调组织为了利用现有市场需求变动形成的市场机会，而主动做出资源方面的调整（内外部协调以丰富现有资源或资源组合）、整合与转化应用（以一种完全不同的方式开发新旧资源或资源组合，从而实现主动差异化）选择，具有强烈的"创新"性质，属于创造"不同"的追赶战略。

四、商业模式创新的界定

梳理已有商业模式创新的文献可以发现，尽管学者在定义商业模式创新时立足的视角不同，但他们总是先给出商业模式的概念。鉴于此，本书顺承这一研究范式，我们认为商业模式全面地描绘了一个企业在市场中做生意的方式、一个企业从事市场活动的模块或一个囊括了诸多利益相关者的经济网络，包括企业如何创造价值、如何传递价值以及如何获取价值三个过程（Amit 和 Zott，2001；Zott 和 Amit，2010)。而企业在发展过程中如何调整、改善、创新商业模式，是其能否维持可持续发展的关键。由此，商业模式创新便是对既有商业模式的调整、改善与创新。

关于商业模式创新的维度划分，本书借鉴得到较多学者认可的划分方式，即沿用 Zott 和 Amit（2007）的研究，将商业模式创新看作由效率型和新颖型商业模式创新两种类型组成。在他们的研究中，效率型商业模式创新关注组织降低原有商业模式的运营成本、减少错误出现的频率、扩充容量、提升交易效率以及对快速处理的支持程度等；而新颖型商业模式创新关注组织在多大程度上提供了产品、服务和信息的新组合、以新颖的方式联结利益相关者、新获得的专利数量、不断在新商业模式中引入创新等。

五、管理解释的界定

梳理已有管理解释的文献可以发现，学者对管理解释的概念界定较为一致，即认为管理解释是管理者基于自身认知，从环境中获取信息与线索，并根据这些信息和线索对组织所处情境做出的评判与解释标签定义的过程，是接下来管理者形成战略行动选择/战略应对措施的基础/先决条件（Dutton 和 Jackson，1987；奉小斌和刘皓，2021）。

关于管理解释的维度划分，本书遵循最新研究成果，将管理解释看作由机会解释、威胁解释与矛盾解释构成，代表了管理者三种不同的认知图式与分类标签。机会解释视角下的外部环境是积极的、易于控制的，处于这种环境中的组织很有可能在未来获益；威胁解释视角下的外部环境是消极的、难以控制的，处于这种环境中的组织很有可能在未来遭受损失；而矛盾解释视角下的外部环境既有可能是积极的，也可能是消极的，可控性是难以确定的，处于这种环境中的组织在未来能否收益也是不确定的，此时管理者将更全面、综合地诠释情境信息与线索（Tuggle 和 Bierman，2010；Yuan 等，2017；奉小斌和刘皓，2021）。

六、组织韧性与创业企业组织韧性的内涵

梳理已有组织韧性的文献可以发现，学者从组织韧性的发展视角和发展阶段对其概念展开了讨论，建立在前人研究的基础上，本书认为，组织韧性体现了企业克服、规避、化解及吸收 VUCA 或困境，从而恢复正常经营并有可能实现超越原始状态的过程，是"企业主动自发而警觉审慎的生存意识"（马浩，2020），不仅是危机下的恢复与超越，更是一种组织常态而贯穿于企业的日常运

营中。

尽管既有研究围绕着组织韧性的定义展开了诸多讨论，但这些研究尚未将研究视角定位到创业企业上，挖掘创业企业组织韧性的独特性，并提出相应的创业企业组织韧性的定义。聚焦创业企业，其组织韧性仍具备组织韧性的一些特征，但也存在着某些独特性。相对于成熟企业，创业企业面临着更多的内部困境，例如，创业企业组织内部存在资源短缺、商业模式匮乏以及创业者认知局限等问题。因此，对创业企业而言，构建组织韧性的过程就是克服外部环境冲击以及独特的组织内部困境，从而稳定生产经营活动的过程。鉴于此，本书认为，创业企业组织韧性可以定义为：创业企业克服外部环境冲击以及组织内部困境，促使企业恢复正常经营并有可能超越原始状态的过程。

关于组织韧性的维度划分，本书遵循得到学者较多认可的观点，即认为组织韧性包括计划韧性和适应韧性两个维度。同时，由于创业企业组织韧性的概念是在组织韧性的基础上添加了创业企业面临的独特冲击背景，其内涵并未超出组织韧性的范畴。因此本书对创业企业组织韧性的维度与组织韧性保持一致。计划韧性对应着"企业克服 VUCA、困境或危机从而恢复正常经营的过程"；适应韧性对应着"企业克服 VUCA、困境或危机从而有可能实现超越原始状态的过程"（Prayag 等，2019；Fotios，2020；马浩，2020）。

第三节　概念模型推演

战略文献将双元市场导向确定为一种关键的营销能力，一种潜在为企业提供位置与价格优势，并促进企业创业成功的关键战略资源，从而得到了越来越多学者的关注（Narver 等，2004）。但在日益增多的研究文献中，争论也逐渐浮现出来（Kirca，2011；Atuahene‐Gima 等，2005；Sandvik 和 Sandvik，2003；Wang 和 Liu，2019）。如前文所述，结论缺乏一致性的部分原因是在具体说明不同类型双元市场导向与组织相关结果变量（例如，组织绩效、新产品创新、创新绩效等）间的关系上不够精确，以及在引入调节变量考察其在双元市场导向的作用过程中的权变影响上不够充分。聚焦本书研究主题，即组织韧性，组织韧性体现了组织在遇到突发、意外事件后恢复正常经营并有可能实现反超成长的过程，或是在高度不确定性的运营常态中实现对突发、意外事件的常态化应对过程，对创业企业可持续成长具有重要意义(Tengblad 和 Margarete，2019；赵思嘉等，2021)，是一个关键的组织相关结果变量(段升森等，2021)。鉴于此，本书将双元市场导向划分为响应型市场导向和先动型市场导向，分别考察其对组织韧性的影响，并结合管理认知理论引入三种管理解释，考察其在双元市场导向作用发挥中的权变效应。

　　关于双元市场导向如何影响组织韧性的问题，本书结合组织适应理论引入两个重要变量，即资源行动视角下的资源编排，以及创新行动视角下的商业模式创新，来探析双元市场导向与组织韧性间的作用机制(创业企业组织韧性的构建机制)。根据组织适应理论，尽管创业企业难以在高度不确定的环境下预测未来，但它们可以通过控制某些有助于确定未来的因素来适应环境、谋求生存并追求卓越(张钢和岑杰，2012)。一方面，从资源行动的视角出发，资源编排使创业者能够在高度不确定或突发、意外事件情境中依托双元市场导向获得的知识与信息及组织现有资源，采取行动以探寻出资源有效排列组合的新方式(Sirmon 等，2007；Carnes 等，2017)，从而发挥既有资源的差异化效用，以改变或重塑未来，提升组织的韧性水平，增加创业成功的可能性。因此，资源编排行动很有可能会在双元市场导向与组织韧性的关系间起到桥梁作用。但如前文所述，资源编排包括适应式编排和变革式编排，因此，由组织适应理论出发，资源编排能够链接双元市场导向与组织韧性，但需聚焦不同的资源编排行动需展开细致考察。另一方面，从创新行动的视角出发，商业模式创新突出了组织为适应不断变化的市场需求所做的准备，能够促使组织更好适应结构、过程、程序和规范等方面出现的新情况，是组织对环境变动做出的一种基本反应机制(Zott 和 Amit，2010)。尤其是在当前的数字化情境下，需求导向的价值创造增强了市场主体对创业企业商业模式创新的驱动作用(罗珉和李亮宇，2015)，会显著地促进组织韧性。而对于任何试图在商业模式上做出创新性变化的企业而言，仅仅依靠响应型市场导向是不够的，因为一个企业如果在开发新商业模式时仅仅依赖客户对其新产品或新服务的需求，会导致其变革后的商业模式逐步失去长期经济价值，在此基础上产出的产品与服务则会与竞争对手形成平行产品反应，而不得不参与到价格竞争中，导致企业在经济上非常脆弱(Narver 等，2004)。但与资源编排的影响效应相似，商业模式创新包含逻辑不同的效率型商业模式创新与新颖型商业模式创新两种(Zott 和 Amit，2007)，对他们在双元市场导向与组织韧性间具体会产生何种影响值得进一步探讨与验证。

综合上述分析,本书构建了创业企业组织韧性构建机制的概念模型(见图3-1)。本章以后的内容将在概念模型的基础上聚焦构念的每一维度提出所有研究假设,并建立研究模型。

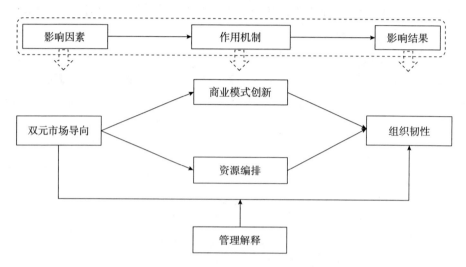

图 3-1　创业企业组织韧性构建机制的概念模型

第四节　本章小结

本章提出了研究问题,界定了核心概念的内涵,并推理出了本书的概念模型,具体而言,本章主要的研究内容有以下三点:

第一,提出研究问题,这部分内容明确地指出了研究的问题和目标,为后续的研究提供了明确的方向。

第二,界定核心概念,通过对核心概念的内涵进行界定,明确了研究范畴和边界,有助于后续研究的开展。

第三,推理概念模型,结合研究问题、核心概念以及组织信息处理理论、组织适应理论,推导出本书的概念模型,为后续的研究提供了理论基础和指导。

第四章
研究假设与研究模型构建

第一节　研究假设提出

一、双元市场导向对组织韧性的影响

多样化的客户需求能否得到充分表达和满足关系着企业能否屹立于风云变幻的市场中，尽管成熟企业已经形成了一定的客户忠诚度，但数字化情境提升了企业识别价值创造中未被满足的需求的可能性，甚至数字化创造了不存在的需求（Amit 和 Han，2017），而创业企业完全可以借助自身小而灵活的特性瞄准市场，不断加强市场导向而谋得生存机会，提升组织的韧性水平。具体地，本书认为，创业企业响应型市场导向与先动型市场导向均能够对组织韧性产生促进作用。

（一）响应型市场导向与组织韧性

如前文所述，响应型市场导向关注、理解、处理并满足市场上现有顾客已经表达出来的需求（Wang 和 Liu，2019；刘云等，2020）。正是因为响应型市场导向直接对焦创业企业服务群体最直接的需求，因此遵循响应型市场导向的组织必然在响应速度上高于其他企业，而组织韧性在很大程度上取决于企业能否快速地回应市场环境的波动（李姗姗和黄群慧，2023），从这一视角出发，响应型市场导向对组织韧性具有积极影响。具体而言，本书认为，这种积极影响体现在以下两个方面：一方面，响应型市场导向能够增强创业企业整合情境的能

力，进而提升组织韧性。整合情境的能力是企业对其内外部的人力、物力、信息和环境等资源进行整合与综合应用的能力，是构建组织韧性的关键性因素（诸彦含等，2019；段升森等，2021）。相关研究表明，响应型市场导向对组织外部情境、客户需求和信息等了解得越多，企业越可能将这些知识与资源整合起来，以寻求困境的解决方案（Slater 和 Narver，2000），提升组织的韧性水平。另一方面，响应型市场导向能够增强创业企业的战略制定与执行效率从而提升组织韧性。危机之下或环境波动情境下，创业企业以往的战略往往难以契合当前的危机情境，组织针对运营环境和客户需求制定聚集型的响应战略，是创业企业转危为机的基础，也是危机情境下组织构建韧性的关键因素（Kantur 和 Iseri-Say，2012；诸彦含等，2019）。由于响应型市场导向的核心关注点为市场目标顾客的现有需求，这不仅使企业有经验可循，即在寻求并获取信息上有较为明确的方向，也增强了企业所获取信息的可靠性，同时降低了将信息应用于产品与服务开发上的解析难度。此外，响应型市场导向还有助于有效地降低企业在解决问题过程中出现错误或失败情形的概率（Atuahene-Gima 等，2005），从而提升创业企业聚焦型响应战略的制定与执行效率。因为企业要捕捉信息并设计利用方案一定是有理有据的，响应型市场导向正是以机会捕捉和利用为导向和依据的（Day，1994）。例如，企业只有在充分了解环境和客户需求的情况下，有针对性地设计响应政策才能真正生成新的客户价值，从而为企业创造可能的生存机会，因此，重视市场信息识别和应用是提升捕获能力的基本先决条件（Menguc 和 Auh，2008）。据此，提出以下假设：

假设 H1a：响应型市场导向对组织韧性具有显著正向影响。

（二）先动型市场导向与组织韧性

如前文所述，先动型市场导向关注、挖掘、处理并满足顾客新颖的、潜在的未来需求，即顾客尚未表达的、隐性的顾客价值机会（Wang 和 Liu，2019；刘云等，2020）。根据组织韧性的既有研究，组织韧性不仅涉及促使组织恢复正常经营或平常状态的内容（计划韧性），也包括促使组织实现超越原始状态的内容（适应韧性）。而贯彻先动型市场导向的创业企业与顾客保持密切联系，深入挖掘并掌握竞争对手和行业发展动态、顾客未被满足的需求与潜在需求，指导企业进行必要的知识、组织结构调整（Slater 和 Narver，1998），灵活处理与外部网络的关系，迅速对客户需求变动和竞争对手行动做出反应（Zhou 和 Li，2010），从而在设计新产品、新技术、新商业模式并优化交易过程等方面更可能表现得快速、高效与低成本，这就使企业更可能在变动的环境背景下，依托先动惯性而实现反超改进。由此，从适应韧性的视角出发，先动型市场导向也能够提升创业企业的组织韧性水平。此外，本书认为，先动型市场导向对组织韧性的积极影响还可以体现在以下两个方面：一方面，先动型市场导向能够增强创业企业的对未来立场感知进而提升组织韧性。未来立场感知是企业对所处的外部环境、竞争对手及顾客未来可能变动的预先判断（段升森等，2021）。由于任何与以往或正常状态不同的变动或趋势都具有两面性，既可能是万劫不复的危机，也可能是百年难遇的机会。因此，组织能否准确预判未来形势是组织韧性的关键前端准备（马浩，2020）。具有先动型市场导向的创业企业倾向于不断地挖掘并掌握外部市场环境的变动、客户潜在需求（Narver 和 Slater，1990），并及时采取行动以推出合适的产品满足顾客的这些需求，同时先动型市场导向还促进了组织对这种即兴应对能力的动态化调整（Gebhardt 等，2006）。先动型市场导向对未来情境的立场感知为组织积累了先动优势，即组织能够在危机浮出水面时就能够实施相关的应对措施，从而增加了组织于困境中恢复，并实现反超改进的砝码。另一方面，长期秉行先动型市场导向的企业对外部潜在逆境有着更高的敏感性，因为他们习惯感知并捕捉趋势性的潜在波动，从而给予组织一定的时间、空间来制定应对方案，避免过度受到伤害，进而提升组织的韧性水平。例如，一些创业企业在先动型市场导向的作用下能够在政府"环保减排"政策出台之前，感知到顾客对绿色、环保产品需求度的提升，进而提前设计相关的达标、合规方案予以应对。这不仅迎合了国家政策大环境的需要，更满足了顾客的"隐性"需求，是组织主动出击为自身构筑组织韧性的典范（马浩，2020）。据此，提出以下假设：

假设 H1b：先动型市场导向对组织韧性具有显著正向影响。

(三) 响应型市场导向与先动型市场导向交互作用与组织韧性

在创业企业中，双元市场导向不仅能够充当一种组织文化，引导企业关注市场环境、客户与竞争对手信息，促进组织对跨部门协调的重视程度，并诱发企业即兴行动以应对外部需求（Narver 和 Slater，1990），更能够作为一种组织行动以识别并获取客户的现有需求与潜在需求相关的市场情报，促进这些情报于企业各部门之间的传播与扩散、反应和运用，从而保持企业对外部市场波动的有效反应（Kohli 和 Jaworski，1990）。同时，正如 Hunt 和 Morgan（1995）指出的，双元市场导向有着高度的复杂性，无法简单地在市场上购买属于企业独特的隐形资源，依靠组织内部那些以市场为导向的员工对新员工形成的潜移默化的影响，从而使组织整体上表现出双元市场导向，由此双元市场导向在组织内部具有可持续性，能够长期为提升组织韧性水平服务。其中，响应型市场导向能够增强创业企业整合情境的能力以及战略制定与执行的效率，进而对组织韧性产生积极影响。而先动型市场导向则能够通过增强创业企业感知未来立场的能力以及预判潜在波动、危机与逆境的能力，从而积累先动优势，进而对组织韧性构建产生积极影响（诸彦含等，2019；马浩，2020；段升森等，2021）。然而，响应型市场导向并非创业企业构建组织韧性的完美机制，仅倾听并响应市场信息与意见，容易给组织造成"组织惯性"，因为市场、顾客与组织间的信息流动与交换会随着时间推移而逐步固化，限制企业思变的能力与动机（Christensen 和 Bower，1996；顾琴轩等，2021），而前瞻性的市场导向对组织韧性的构建至关重要（马浩，2020）。同样地，与响应型市场导向相似，先动型市场导向也非创业企业构建组织韧性的完美机制，发展并维持先动型市场导向是昂贵的，需要企业进行大量的资源投资，而企业通常在有限的预算下从事日常经营。尤其是创业企业，他们可使用的预算相对更少（Slater 和 Narvery，1998），因此持续的先动型市场导向也会降低创业企业"防火墙"的厚度，即减少组织物质基础，进而对组织韧性产生不利影响（马浩，2020）。因此，在分析单一市场导向对创业企业组织韧性影响效应的基础上，围绕着响应型市场导向与先动型市场导向是以何种关系对组织韧性产生影响的也应该是研究的一个重点。

一方面，响应型市场导向与先动型市场导向并存对组织韧性的积极影响。持双元市场导向互补的学者认为，响应型市场导向容易使组织陷入成功的"陷阱"中，而先动型市场导向则容易使组织陷入失败的"陷阱"中，而两种市场导向共存并处于适度的平衡状态对组织最佳（张婧和段艳玲，2010；刘云等，2020）。因为响应与先动型市场导向所遵循的逻辑不同，对资源的需求不同，两者共存并平衡能够减少组织在分配资源上的问题，同时抵消两者潜在的消极影响（刘云等，2020）。尽管尚未有学者对双元市场导向共存与组织韧性的关系展开探究，但作为重要的组织相关结果变量，本书有理由相信从这一角度出发双元市场导向共存才能提升组织韧性水平。

另一方面，响应型市场导向与先动型市场导向并存对组织韧性的消极影响。

如前文所述，双元市场导向的维持是昂贵的，创业企业本身持有的资本较少，同时关注两种逻辑完全不同的市场导向必然会使组织内部的资源损耗加剧（Slater 和 Narvery，1998），导致危机时刻难以有足够的物质基础抵抗风险，维持组织韧性。此外，两种市场导向可能依赖不同的组织条件，维持两者共存要求创业企业在兼顾两者上付出大量的时间、精力与资源（Atuahena-Gima 等，2005），这对于本身"柔弱"的创业企业而言并非有利。例如，Atuahene-Gima 等（2005）的研究指出，当一种形式的市场导向处于较高水平和另一种形式处于较低水平时，才能对组织产生积极影响。

综合上述分析，本书认为，响应型与先动型市场导向共存对创业企业组织韧性既可能存在积极影响也可能存在消极效应，即两者既可能有交互效应也可能有替代效应。据此，提出以下假设：

假设 H1c：响应型市场导向与先动型市场导向的共存正向影响组织韧性，即响应型市场导向与先动型市场导向在提升组织韧性水平中存在互补效应。

假设 H1d：响应型市场导向与先动型市场导向的共存负向影响组织韧性，即响应型市场导向与先动型市场导向在提升组织韧性水平中存在替代效应。

二、资源编排的中介作用

（一）双元市场导向对资源编排的影响

Teece 等（1997）指出，除稀有、有价值、不完全模仿和不可替代的资源基础之外，企业应该建立传感能力、尺寸调整能力和转换能力来重建资源组合，双元市场导向正是企业感知外部情境中任何利益相关者信息的活动，能够对资源编排行动产生积极影响。

响应型市场导向对顾客现有需求的关注与挖掘，有助于企业快速获取刚出现在市场上的信息，从而激活适应式编排，迎合市场浮现的机会。资源编排是解决组织内部资源困境的一种有效途径，需要组织有足够的警觉性及开发利用资源的积极性，涉及资源吸收、整合与转化应用等子过程（Sirmon 等，2007；Sirmon 等，2011）。一方面，适应式编排强调响应环境要求，以快速吸引、整合并转化应用内外部资源的活动，是对资源的获取和应用的一种相对保守的指导思想，适应式编排的实施离不开组织既有的资源管理技术、既有知识、认知与战略。具体而言，本书认为，响应型市场导向对适应式编排的积极影响主要体现在：响应型市场导向是基于效用逻辑出发在市场上获取信息的导向，而不是基于组织严格的规划与预算。因此，响应型市场导向所获得的信息与资源，在很大程度上可能与组织内部既有资源应用的方式不匹配，这就催生了对资源进行编排的需求。同时，因为响应型市场导向仅仅关注的是现有市场的波动，引发组织内部变革型活动的可能性更小，在响应型市场导向的逻辑主导下，企业更倾向于产出追随性行动(冯文娜等，2021)，由此适应式编排有着与响应型市场导向相似的逻辑导向，因此响应型市场导向能够显著促进组织内部的适应式编排行动。另一方面，变革式编排强调吸收并创造性地整合并转化应用内外部资源，与适应式编排相比，变革式编排是对资源获取与应用的一种全新的指导思想，其实施依靠组织主动求变的学习活动。从组织学习的视角出发，响应型市场导向很容易致使组织获取网络中任何利益相关者(顾客、竞争对手、供应商等)信息的思维、手段与渠道逐步固化(周飞等，2019；臧树伟等，2021)，进而难以开拓出新的资源编排方式，即响应型市场导向会对变革式编排产生负面影响。具体而言，由于响应型市场导向更加关注满足顾客的现有需求，也就更可能催生模仿性追随，这就容易导致组织内部出现学习短视的问题，即逐渐忽略挖掘潜在的顾客需求与新兴的技术，限制了组织创造性编排资源，以产出新产品与服务，进而给顾客带来特有价值的动力(奉小斌等，2021)。据此，本书认为，响应型市场导向对适应式编排具有显著正向影响，却对变革式编排具有显著负向影响。

与响应型市场导向相对应，主张先动型市场导向的企业侧重关注、挖掘并满足顾客的潜在需求，有助于获取那些有利于企业突破原有技术、产品与服务的新颖知识与信息(Narver等，2004；李妹和高山行，2012)。创业企业先于市场竞争对手搜索、挖掘并获取顾客的潜在需求信息与轨迹，并主动与其他利益相关者联结起来共筑价值链网络，有助于提升企业吸收资源的速度与灵活性，在这个过程中，创业企业可以从利益相关者那里吸收能力而提升整合与转化应用资源的速度与灵活性，从而对适应式编排产生积极影响。同时，创业企业采用先动型市场导向也有助于实现变革式编排。变革式编排强调对资源的创造性应用，依赖组织的新信息、新认知与新想法。而先动型市场导向挖掘并加工客户的潜在需求，有助于形成对市场信息的新认知(Narver等，2010)，从而促进企业打破既有常规，并另辟蹊径以变革性的方式编排现有资源，进而提供全新的解决方案(周飞等,2019)。秉承先动型市场导向的企业对市场顾客潜在需求信息的先动型搜索,有助于拓展组织内部在开发新价值和新能力上的知识储备(奉小斌等,2021),进而夯实变革式编排发生的基础——资源存量,促进组织创造性利用不同资源,进而优化利用这些资源,以激活其耦合效应的可能性。据此,本书认为先动型市场导向对适应式编排具有显著正向影响,对变革式编排也具有显著正向影响。

(二) 资源编排对组织韧性的影响

就创业企业资源编排与组织韧性的关系而言,尽管创业企业所面临的未来情境是权变、不可预测和不确定性的,但创业者能够依托手头资源、借助有意识的行动改变或重塑未来,以赢得更高水平的组织韧性。既有研究主要将资源编排应用于组织绩效改善、创新创业、运营管理、电子商务管理及市场营销领域等众多领域,其中得到较多关注的是资源编排与组织绩效的关系(Badrinaray-anan 等,2019;邓渝,2020)。且从前文综述中不难发现,尽管资源编排已较为广泛地用以解析企业绩效提升的问题,但聚焦创业企业实证探究资源编排能否以及如何提升创业企业组织韧性的课题,却尚未得到学者的关注。

资源编排通过建立外部资源接入渠道以吸收外部必要资源,进而借助资源整合活动增强外部与内部资源间的协调性,使之形成资源组合,再经由资源应用行动调整并平衡资源或资源组合以激发资源的束集效应(Queiroz 等,2018;Wang 等,2020),从而最大化发挥创业企业内外部资源效用。资源编排不仅从资源视角增强了创业企业内部物质实力,也为企业快速响应环境变动并及时抓住潜在机遇奠定了"多样性"的资源基础。马浩(2020)指出,丰富并多样的资源基础是企业构筑组织韧性的关键条件。另外,资源编排对内外部资源的精准捕捉、转移与移动以及布局和平衡等,使组织内部资源得以重新分配,这又促进了创业企业对现有内外部资源的改进与扩展,从而形成契合创业企业内外部情境的资源或资源组合(Chadwick 等,2015;黄昊等,2020)。这意味着创业企业不仅调整和解除了冗余资源,实现了内外部资源间的协调匹配,更实现了内外部资源与企业所识别机会之间的协调匹配,进而对组织韧性产生积极影响。就资源编排的三个子过程而言,首先,创业企业组织韧性的提升需要异质性资源的支撑。通过资源吸收活动,创业企业可以从外部获取和积累相关资源。同时,创业企业从外部获取的跨功能性资源,也为资源整合和应用过程提升了内部"资源蓄水池"的容量。其次，资源整合使创业企业能够结合特性推动资源间的协同、融合与运作，从而形成能够服务于满足市场需求活动的可利用资源或资源组合。最后，资源应用通过创造性地配置活动，使资源或资源组合能够合理有效地为相关业务模块服务，从而有效地激发资源或资源组合的束集效应，促进创业企业组织韧性发展。因此，资源编排的三个子过程为创业企业组织韧性的提升提供了可行路径，因为整合与协调是组织韧性的重要特征之一（赵思嘉等，2021）。其中，适应式编排针对计划韧性，即及时并高效地应用资源以促进企业从危机事件中恢复；而变革式编排针对适应韧性，即为尝试新的领域建立了灵活的资源编排机制，从而促进企业在危机事件中实现改进。据此，本书认为，适应式编排对组织韧性具有显著正向影响；变革式编排对组织韧性也具有显著正向影响。

（三）资源编排的中介作用

由上文可知，双元市场导向（响应型市场导向与先动型市场导向）不仅会直接影响创业企业组织韧性，同时也会影响资源编排（适应式编排与变革式编排），而资源编排又会对组织韧性产生影响。

首先，适应式编排在响应型市场导向与组织韧性间的中介作用。响应型市场导向提供了对市场变化的敏感性和应对能力。这种导向使企业能够及时感知市场的变化，迅速调整战略和资源配置，以适应市场的需求。这种快速响应市场变化的能力，为创业企业提供了竞争优势和机会；适应式编排作为中介变量，将响应型市场导向转化为实际的组织韧性。适应式编排使企业能够灵活地调整自身的组织结构、运营流程和资源配置，以适应市场的变化。这种编排方式有助于企业在不断变化的市场环境中保持稳定和连续性，从而提升组织的韧性；创业企业的组织韧性得到提升。通过响应型市场导向的推动和适应式编排的中介作用，创业企业的组织韧性得到增强。组织韧性的提升使企业在面对市场的挑战和压力时，能够迅速恢复和适应，保持稳定和连续性。这种组织韧性有助于创业企业在竞争激烈的市场环境中获得成功。

其次，响应型市场导向在变革式编排与组织韧性间的中介作用。作为一种组织文化或战略，响应型市场导向使组织能够迅速对外部市场变化做出反应。在响应型市场导向的影响下，组织会积极寻找并利用市场上的新机会，同时对不利因素进行规避。作为一种组织能力，变革式编排使组织能够在原有的基础上进行突破性的创新和改变，这种编排方式可以帮助组织更好地适应市场的变化，以及提升组织的适应性和韧性。也就是说，变革式编排在响应型市场导向与组织韧性间起到了中介作用。

再次，先动型市场导向是一种敏捷的市场反应策略，它强调快速响应市场需求和变化。对于创业企业而言，先动型市场导向可以帮助其更好地适应市场变化和风险，提高市场竞争力和生存能力。而组织韧性则是创业企业在面对市场冲击与不确定性时所表现出来的一种弹性和适应能力。先动型市场导向通过促进适应式编排，可以进一步提升创业企业的组织韧性。在先动型市场导向下，创业企业需要快速响应市场需求和变化。适应式编排可以通过建立跨部门协作机制、优化决策流程等方式，提高决策效率和响应速度，从而更好地应对市场变化。创业企业通常面临资金、人力等资源有限的情况。适应式编排可以通过建立弹性用工制度、优化资源配置等方式，提高资源的利用效率，降低企业运营成本，提高企业盈利能力。在激烈的市场竞争中，创业企业需要不断提高自身创新能力，以占据市场份额和提高市场竞争力。适应式编排可以通过鼓励员工创新、建立创新团队等方式，提高组织的创新能力，从而更好地适应市场变化。

最后，变革式编排是一种灵活的组织管理策略，它强调在先动型市场导向下不断进行变革和创新，以适应市场变化和风险。对于创业企业而言，变革式编排可以帮助其更好地应对市场不确定性和风险，提高市场竞争力和生存能力。先动型市场导向通过促进变革式编排，可以进一步提升创业企业的组织韧性。在先动型市场导向下，创业企业需要不断创新以满足市场需求。变革式编排可以通过建立创新团队、鼓励员工创新等方式，推动组织创新，提高企业的市场竞争力。变革式编排可以通过优化决策流程、建立跨部门协作机制等方式，提高决策效率和响应速度，从而更好地应对市场变化。变革式编排可以通过建立开放式沟通机制、鼓励员工参与决策等方式，增强员工的工作热情和创造力，提高员工满意度和组织认同感。创业企业通常面临资金、人力等资源有限的情况。变革式编排可以通过建立弹性用工制度、优化资源配置等方式，提高资源的利用效率，降低企业运营成本，提高企业盈利能力。

由此，本书认为，资源编排能够在双元市场导向和组织韧性的关系间起到中介作用。据此，提出以下假设：

假设 H2a：适应式编排在响应型市场导向与组织韧性间起到中介作用。

假设 H2b：变革式编排在响应型市场导向与组织韧性间起到中介作用。

假设 H2c：适应式编排在先动型市场导向与组织韧性间起到中介作用。

假设 H2d：变革式编排在先动型市场导向与组织韧性间起到中介作用。

综上，构建了资源编排中介作用的理论模型(见图 4-1)。

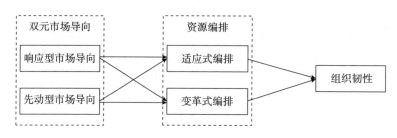

图 4-1　资源编排在双元市场导向与组织韧性间的中介作用

三、商业模式创新的中介作用

(一) 双元市场导向对商业模式创新的影响

为了开发新的商业模式，企业应该为客户识别新的价值主张，然后将其转化为具体的活动系统(Zott 和 Amit，2010)。而新的价值主张往往来自组织对未被满足的客户需求的搜索。因此，为了产生新的价值主张，企业需要一种感知能力，即搜索、学习、过滤、塑造和校准新机会的能力，从而帮助企业扫描和探索新的机会的客户需求(Teece，2012)。特别地，作为理解并满足顾客及其他利益相关者需求的关键因素，双元市场导向旨在满足客户需求，创造新的价值主张，而新的价值主张是商业模式创新的前提，它可能会增加商业模式创新的概率(Yang 等，2020)。然而双元市场导向包括响应型与先动型两种，商业模式创新也包含着效率型与新颖型两种，尽管总体上双元市场导向对商业模式创新呈现出促进效应，但既有文献尚未对不同维度之间的因果关系展开细致考察，鉴于此，本书进行了分维度的理论推演。

1. 响应型市场导向与商业模式创新

第一，就响应型市场导向与效率型商业模式创新的关系而言，响应型市场导向对市场上现有顾客需求的关注，有助于拉动组织内部改善并提升商业模式的效率，从而促进效率型商业模式创新。响应型市场导向主要关注企业当前既有知识和经验的内容，并倡导对当前客户及其所表达需求的深入理解。在此基础上，企业能够更高效地调整客户价值创造的市场定位，并进一步通过改善产品测试与模拟实验等，将改良后的产品推向市场，以获取其满足需求的程度信息与市场反馈，如此反复有助于打造组织内部模块化的交易流程，进而提升企业与顾客间交易的透明度，优化商业模式效率（周飞等，2019）。

第二，就响应型市场导向与新颖型商业模式创新的关系而言，响应型市场导向可能会降低企业的先动性，导致目光短浅的研究与开发，或者可能会混淆业务流程，进而对新颖型商业模式创新产生消极影响。响应型市场导向还可能导致企业过于关注客户需求，而丧失行业领导者的地位（Cadogan 等，2009）。同时，诸多研究表明，如果企业过度强调响应型市场导向，只对顾客当前的意愿或需求做出回应，会对其可持续发展产生消极影响。同时，现有市场与顾客的显性需求也难以预判未来可能的产品与技术等的变迁，从而造成组织在发展新产品、新技术与新商业模式上的障碍（Cadogan 等，2009），降低组织开发新颖型商业模式的可能性。据此，本书认为响应型市场导向对效率型商业模式创新具有显著正向影响，对新颖型商业模式创新具有显著负向影响。

2. 先动型市场导向与商业模式创新

由上文可知，创业企业要创造和维持商业模式成功仅仅依靠响应型市场导向是不够的，先动型市场导向也在推动创业企业新商业模式成功中起着非常重要的积极作用。因为一个企业如果在开发新商业模式时仅仅依赖客户的现有需求，那么企业在经济上往往非常脆弱，会导致创业企业逐步失去长期经济价值，并陷入与竞争对手的价格竞争中（Narver 等，2004）。此外，仅依赖客户当前的需求也会使既有商业模式无法为顾客创造出新的增值机会，从而降低客户对企业依赖度与承诺度的基础水平。为此，先动型市场导向在促进商业模式创新上发挥着重要作用。

第一，就先动型市场导向与效率型商业模式创新的关系而言，本书认为先动型市场导向主张不断探索波动着的市场环境与趋势，从而能够使组织更加快速地把握客户需求变动的可能动向，这种持续的互动与信息共享极大地改善了彼此交易过程的透明度（奉小斌等，2021）。此外，先动型市场导向对改善企业商业模式效率的积极影响也体现在诸多企业的实践中。许多企业都在努力满足客户潜在需求的过程中提升了商业模式的效率。例如，沃尔玛不断创新以寻求为主要对低价商品感兴趣的顾客创造卓越价值的同时，其物流处理与分销的过程中也变得更加高效，这使其成为公认的世界效率最高的物流公司。

第二，就先动型市场导向与新颖型商业模式创新的关系而言，本书认为，先动型市场导向通过探索客户潜在需求，有助于企业突破原有技术、知识与商业模式，进而带动新颖型商业模式创新。先动型市场导向通过关注当前客户未被满足的需求，引导企业从对潜在客户需求的深入理解中产生新的想法，以更新或修改现有的价值主张。先动型市场导向反映了一种探索性学习行为，涉及对超出其经验范围的、新的和多样化的信息和知识的搜索。市场知识提高了对当前业务不足的理解，并提供了新的业务机会。更重要的是，先动型市场导向经常能够激发起企业对当前客户需求的重新定义，这促进了探索性的价值主张（Wu等，2013），有助于开发新颖型的商业模式。同时，先动型市场导向还可能导致商业模式组件和活动的创新。先动型市场导向可以指导管理层的注意力范围，以衡量市场中潜在的增值成分和活动（Yang等，2020）。此外，先动型市场导向是一种促使客户和竞争对手情报生成的、持续性的行为与活动。在先动型市场导向的主导下，企业为了探索潜在的顾客需求，需要对商业模式创新过程中的内容、结构和活动进行实验（Sosna等，2010），通过实验，企业可以设计新的活动系统。据此，本书认为，先动型市场导向对效率型商业模式创新具有显著正向影响，对新颖型商业模式创新也具有显著正向影响。

（二）商业模式创新对组织韧性的影响

组织韧性体现了危机时刻或危机情境下，创业企业妥善应对不利事件给组织造成的压迫和干扰，从而恢复平常经营，甚至有可能借助组织学习而实现反超改进与逆势成长的过程（赵思嘉等，2021）。例如，2019年突如其来的新冠疫情彻底改变了众多创业企业面对的生存环境，组织内部原有的商业模式也遭到了打击、破坏，甚至原有的商业模式无法在提倡"无接触"背景下维持正常运转（单宇等，2021）。相对于商业模式死板、僵化的企业来说，积极改良、创新商业模式的企业已经将商业模式创新活动内化到企业日常的运营中，并能够根据环境、市场的变动而更加有效率、更具新颖性地进行相应调整。因此，商业模式创新能够提升创业企业的灵活性、创造性，从而推动企业在突发危机前快速调整既有商业模式，例如，在新冠疫情发生时及时推出线上销售、无人配送、共享业态等新的商业模式，助推企业恢复正常运转，进而对组织韧性产生积极影响。此外，依托企业内部习惯性的商业模式创新行为，也能够为企业在危机时刻即时调整商业模式奠定基础，即商业模式创新能够帮助创业企业未雨绸缪、有备无患（陈红川等，2021）。另外，积极开展商业模式创新的创业企业，有利于企业在日常经营当中解决当前商业模式中潜伏的问题，优化组织运转，例如，改善运营效率、降低营销成本、提升与顾客交易的速度与透明度等，降低企业原本的商业模式在新情境下出现功能失调的可能性，从而增强创业企业防范并抵御风险的能力（Buliga 等，2016）。最后，擅长商业模式创新的创业企业也能够在危机前快速建立起新的、合理的营销渠道、工作流程、交易范式与交易流程等，从而提升对情境的适应力以度过困境。从效率型和新颖型商业模式创新的角度来说，无论是提升原有商业模式的效率，还是彻底地更新原有的商业模式，其原理都是利用危机或逆境给组织形成的压力，将改善商业模式作为提升组织能力的跳板，重塑企业运营方式与管理场景，从而短时间内促进组织能力向高阶迈进，进而构建起创业企业内部的组织韧性。特别是在当前的数字化情境下，许多创业企业都将实现商业模式数字化转型作为企业唯一能够准确预判的未来情境。商业模式创新给组织带来的效率与创新性改善不仅增强了企业在危机中生存的可能性，也极大地缩短了企业在危机事件中完成反弹恢复的时间（王钦，2020；单宇等，2021）。此外，单宇等（2021）以林清轩为案例进行的探索性研究也指出，在危机情境下，企业需要做出适应性的重构，其中，在制度上的调整是最高层面的，在制度上的调整主要是突破既有组织刚性。从这一视角出发，改善组织原有商业模式也属于制度调整的一个方面，有助于打造适时的商业模式，构筑组织韧性。据此，本书认为，效率型商业模式创新对组织韧性具有显著正向影响；新颖型商业模式创新对组织韧性也具有显著正向影响。

（三）商业模式创新的中介作用

由上文可知，双元市场导向（响应型市场导向与先动型市场导向）不仅会直接影响创业企业组织韧性，同时也会影响商业模式创新（效率型和新颖型商业模式创新），而商业模式创新又会对组织韧性产生影响。

1. 效率型商业模式创新在响应型市场导向与组织韧性间的中介作用

第一，效率型商业模式创新可以为响应型市场导向和组织韧性之间搭建一座桥梁。响应型市场导向意味着企业需要积极关注市场动态，对市场变化做出快速响应，并通过创新商业模式来满足市场需求。而组织韧性则代表了企业应对挑战和压力的能力，这种能力需要与企业的商业模式相匹配。通过效率型商业模式创新，企业可以更好地连接响应型市场导向和组织韧性，使两者之间形成良性互动。

第二，效率型商业模式创新可以将响应型市场导向转化为组织韧性。当企业具备响应型市场导向时，它能够及时获取市场信息，理解客户需求，并迅速调整商业模式以适应市场变化。这种创新能力可以转化为实际的运营成果，如提高生产效率、降低成本、优化服务等，从而提升企业的竞争力。这些成果又可以进一步增强企业的组织韧性，使企业在面对市场挑战时具备更强的适应能力和恢复能力。

第三，效率型商业模式创新还可以为响应型市场导向和组织韧性之间提供反馈机制。企业通过创新商业模式来适应市场变化，并在实践中不断优化和完善。这种反馈机制可以帮助企业更好地理解市场动态，调整策略以及改进商业模式。同时，组织韧性的提升也可以为企业的商业模式创新提供支持和保障，形成一种正向的循环。

第四，效率型商业模式创新对响应型市场导向和组织韧性都具有增强作用。通过创新商业模式，企业可以更好地满足市场需求，提高竞争力，从而增强响应型市场导向的效果。同时，创新商业模式也可以帮助企业提高生产效率、降低成本、提升服务质量等，进而增强企业的组织韧性。这种增强作用可以使企业在面对市场的挑战和压力时更具竞争优势。

2. 新颖型商业模式创新在响应型市场导向与组织韧性间的中介作用

第一，新颖型商业模式创新可以将响应型市场导向与组织韧性有效地连接起来。响应型市场导向要求企业积极关注市场动态，对市场变化做出快速响应，而新颖型商业模式创新则为企业提供了实现这种响应的具体手段。同时，这种创新还可以帮助企业提升组织韧性，使企业在面对挑战和压力时具备更强的适应能力和恢复能力。

第二，新颖型商业模式创新可以将响应型市场导向的观念转化为组织韧性的提升。当企业具备响应型市场导向时，它能够根据市场需求变化灵活调整战略和业务模式。这种创新能力可以使企业不断探索新的商业模式，尝试新的运营方式，从而在实践中获得更好的运营效果。这种效果可以转化为实际的运营成果，如提高生产效率、降低成本、提升服务等，从而提升企业的竞争力。这些成果又可以进一步增强企业的组织韧性，使企业在面对市场挑战时具备更强的适应能力和恢复能力；新颖型商业模式创新对响应型市场导向和组织韧性都具有促进作用。通过创新商业模式，企业可以更好地适应市场需求，提高竞争力，从而增强响应型市场导向的效果。同时，新颖型商业模式创新还可以帮助企业提高生产效率、降低成本、提升服务质量等，进而增强企业的组织韧性。这种促进作用可以使企业在面对市场的挑战和压力时更具竞争优势。

第三，新颖型商业模式创新还可以帮助企业塑造适应市场变化的组织结构和运营模式。这种创新要求企业不断尝试新的商业模式和管理机制，以适应市场的变化和需求。在这个过程中，企业的组织结构、运营模式和管理机制也需要不断地进行调整和优化。这些变革有助于提高企业的组织韧性，使企业在面对市场的挑战和压力时能够更快地适应和恢复。

3. 效率型商业模式创新在先动型市场导向与组织韧性间的中介作用

第一，先动型市场导向是指企业提前预测市场变化，提前采取措施应对未来市场趋势。这种导向要求企业具备敏锐的市场洞察力和前瞻性思维。而效率型商业模式创新则为企业提供了实现这种前瞻性思维的具体手段。通过创新商业模式，企业可以优化流程、降低成本、提高生产效率，从而更好地适应未来市场趋势，获取更多的市场份额。这种创新驱动作用可以帮助企业在先动型市场导向的引领下，更好地把握市场机遇，提升组织韧性。

第二，效率型商业模式创新可以将先动型市场导向转化为组织韧性。当企业具备先动型市场导向时，它能够预测未来的市场趋势并提前采取措施应对。这种前瞻性思维可以转化为实际的运营成果，如提高生产效率、降低成本、提升服务等，从而提升企业的竞争力。这些成果又可以进一步增强企业的组织韧性，使企业在面对市场挑战时具备更强的适应能力和恢复能力。

第三，效率型商业模式创新还可以为先动型市场导向和组织韧性之间提供反馈机制。企业通过创新商业模式来适应市场变化，并在实践中不断优化和完善。这种反馈机制可以帮助企业更好地预测市场趋势，调整策略，以及改进商业模式。同时，组织韧性的提升也可以为企业的商业模式创新提供支持和保障，形成一种正向的循环。

第四，效率型商业模式创新对先动型市场导向和组织韧性都具有增强作用。通过创新商业模式，企业可以更好地预测市场趋势，提前采取措施应对未来的市场变化。这种前瞻性思维可以增强企业的竞争力，使其在市场中获得更多的优势。同时，创新商业模式也可以帮助企业提高生产效率、降低成本、提升服务质量等，进而增强企业的组织韧性。这种增强作用可以使企业在面对市场的挑战和压力时更具竞争优势。

4. 效率型商业模式创新在先动型市场导向与组织韧性间起的中介作用

第一，先动型市场导向要求企业具备前瞻性思维，能够预测市场趋势并提前采取行动。新颖型商业模式创新则为先动型市场导向提供了实现这一目标的具体手段。新颖型创新通常涉及对现有商业模式的重新构想和实验，通过引入新的元素和方式来满足市场需求。这种创新可以推动企业在先动型市场导向的引领下，打破传统思维模式，探索新的商业模式，从而在激烈的市场竞争中获得优势。

第二，新颖型商业模式创新可以将先动型市场导向转化为组织韧性。当企业具备先动型市场导向时，它能够预测未来的市场趋势并提前采取措施应对。这种前瞻性思维可以转化为实际的运营成果，如提高生产效率、降低成本、提升服务等，从而提升企业的竞争力。同时，新颖型创新通常需要企业适应新的运营模式、组织结构和业务流程，这有助于提高企业的组织韧性，使其在面对市场挑战时具备更强的适应能力和恢复能力。

第三，新颖型商业模式创新还可以在先动型市场导向和组织韧性之间建立紧密的连接。企业通过新颖型创新来探索和尝试新的商业模式，并在实践中不断优化和完善。这种反馈机制可以帮助企业更好地预测市场趋势，调整策略，以及改进商业模式。同时，组织韧性的提升也为企业的新颖型创新提供了支持和保障，形成一种正向的循环。

第四，新颖型商业模式创新对先动型市场导向和组织韧性都具有增强和拓展作用。通过新颖型创新，企业可以不断尝试新的商业模式和运营策略，从而在市场竞争中获得更多的优势。这种前瞻性思维可以增强企业的竞争力，使其在市场中获得更多的市场份额。同时，新颖型创新还可以帮助企业拓展业务范围、开拓新的市场领域，从而进一步增强企业的组织韧性。据此，提出以下假设：

假设 H3a：效率型商业模式创新在响应型市场导向与组织韧性间起到中介作用。

假设 H3b：新颖型商业模式创新在响应型市场导向与组织韧性间起到中介作用。

假设 H3c：效率型商业模式创新在先动型市场导向与组织韧性间起到中介作用。

假设 H3d：新颖型商业模式创新在先动型市场导向与组织韧性间起到中介作用。

综上所述，构建了商业模式创新中介作用的理论模型（见图 4-2）。

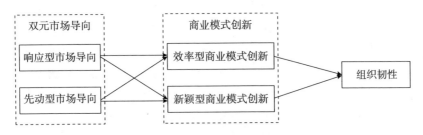

图 4-2　商业模式创新在双元市场导向与组织韧性间的中介作用

四、管理解释的调节作用

（一）机会解释的调节作用

机会解释体现了管理者对外部市场的积极态度。持机会解释的管理者认为，企业在目前的市场上能够掌控不确定的环境并取得好的业绩、获得成功（和苏超和黄旭，2019）。本书认为，机会解释在响应型市场导向与创业企业组织韧性的关系中发挥着复杂影响，即本书认为机会解释在两者间存在双重效应。一方面，当创业企业响应型市场导向水平较低时，随着创业者对信息进行机会解释的程度增加，创业者将对进一步拓展外部顾客现有需求信息的搜索力度变得更有信心（奉小斌和刘皓，2021），而不断地获取现有顾客需求能够增进组织整合情境与战略制定和执行的效率，从而提升创业企业组织韧性的水平。此外，对外部市场的机会感知也有助于快速激活组织内部的响应机制，激励组织不断沿着创业者发现的潜在"机会"，进一步挖掘、搜索、解析相关信息，无疑会强化响应型市场导向对组织韧性的积极作用。此时，机会解释增强了响应型市场导向对组织韧性的正向效应。另一方面，当创业者对外部市场信息的机会解释程度过高时，其在响应型市场导向与组织韧性间的正向调节效应会逐步减弱。因为当创业者的机会解释过高时，其决策的风险程度也会随之增加，这种风险倾向会促进创业者不断地获取顾客需求信息，容易导致信息超载、吸收能力过载现象，从而影响组织解析信息，进而转化应用信息的速度，对组织韧性产生不良影响。此外，创业者对外部市场的机会解释程度过高也意味着创业者对外部情境盲目自信的程度更高（奉小斌和刘皓，2021），这会增大创业者对企业所处情境做出错误判断的概率。主要体现在以下两个方面：一是容易放大"机会"的价值，并对其投入过多的资金与研发活动，从而浪费企业资源，增加组织出现财务困境的可能性（杨琴和牛永片，2021），直接损害组织韧性；二是妨碍响应型市场导向向企业"传输"坏消息的数量与及时性，这会使创业者和企业忽略潜在的危机（郝颖等，2005），加剧真正危机出现时对企业韧性造成的损害。由此，机会解释在响应型市场导向与组织韧性间积极调节效应的强度会随机会解释程度的不断增加而逐渐钝化。因此，在总体上，机会解释倒 U 型调节了响应型市场导向与组织韧性的关系。

与响应型市场导向相似，机会解释在先动型市场导向与创业企业组织韧性的关系中也发挥着复杂影响，即本书认为机会解释在两者间也存在双重效应。一方面，当创业企业先动型市场导向水平较低时，随着创业者对信息进行机会解释的程度增加，创业者更倾向于搜索、获取外部知识，即更深入地挖掘市场顾客的潜在需求（Liu 等，2013），而深化对顾客潜在需求的搜索与理解，有助于增强企业感知未来的能力，并提升企业对外部潜在逆境的敏感性，从而对组织韧性产生积极影响。同时，适度的机会解释也会提升企业对冒险活动的信心（Marcel 等，2011），进而促进组织将先动型市场导向获取到的先动型顾客需求与知识等内化为组织改良行动，应用相对领先的战略以快速更新产品与技术（和苏超和黄旭，2019）。此外，适度的机会解释会让创业者认为当前的市场情境为组织未来提供了有前景的方向，进而促使他们采用前瞻型的战略以谋求先动优势（和苏超和黄旭，2019），这无疑会增强先动型市场导向对组织韧性的积极影响。此时，机会解释显然增强了先动型市场导向对组织韧性的正向效应。另一方面，当创业者对外部市场信息的机会解释程度过高时，其在先动型市场导向与组织韧性间的正向调节效应会逐步减弱。因为当创业者的机会解释过高时，其在将资源分配给探索式活动并降低利用式活动上资源投入的倾向会变得过高（杨大鹏，2017），这会进一步强化先动型市场导向对未来市场的注意力，而减弱其对当前市场需求的关注，增大企业陷入"失败陷阱"的可能性（刘云等，2020），进而显著减弱先动型市场导向对组织韧性的积极影响。由此，过高的机会解释在先动型市场导向与组织韧性间积极调节效应的强度会钝化。因此，总体上，机会解释倒 U 型调节了先动型市场导向与组织韧性的关系。据此，提出以下假设：

假设 H4a：机会解释倒 U 型调节了响应型市场导向与组织韧性的关系。

假设 H4b：机会解释倒 U 型调节了先动型市场导向与组织韧性的关系。

（二）威胁解释的调节作用

威胁解释体现了管理者对外部市场的消极态度。持威胁解释的管理者认为，企业在目前的市场上很可能会取得较差的业绩、遭遇失败（和苏超和黄旭，2019）。本书认为，威胁解释在响应型市场导向与创业企业组织韧性的关系中可能存在"先抑后扬"的 U 型调节作用。具体而言，这种调节效应可以从两个视角来理解：一方面，从创业企业发展初期与度过初级阶段之后的状态出发予以理解。在创业企业发展初期，企业最重要的目标是在市场上谋求生存，因而创业者本身的谨慎性相对更高，而此时威胁解释会进一步加剧创业者的紧张与焦虑感，加剧其感知到的外部市场的不易掌控性、潜在威胁性（Chattopadhyay 等，2001；George 等，2006），进而深度削弱了组织实施响应型市场导向而获取市场需求信息的意愿，也就弱化了响应型市场导向对组织韧性的正向效应。在创业企业度过初期阶段后，威胁解释可能会在响应型市场导向与组织韧性的关系间发挥积极的调节效应。随着创业企业逐步发展成熟，企业在一些项目取得了成功也获得了一定的顾客认可度，创业者不再那么"畏手畏脚"。同时，物质资源的积累也增大了其实施创新性与创造性活动的魄力与信心，此时创业者更有积极性去迎合并紧跟顾客需求。而威胁解释有助于减弱企业发展给创业者带来盲目自信的可能性，进而促使其更加审慎地审视市场情境，以更加稳妥的方式部署响应型市场导向指导下的战略行动。另一方面，从创业者对信息进行威胁解释程度的视角出发予以理解。创业者初期的威胁解释会限制组织响应型市场导向积极效应的发挥。因为起初的威胁解释很容易导致创业者出现"威胁刻板效应"（Staw 等，1981；George 等，2006），并认为这种威胁的连续性是不确定的，加之调整或变革的高成本属性，创业者更倾向于观望而不是做出调整。然而，随着创业者对信息进行威胁解释的程度增加，其会逐步增强响应型市场导向对组织韧性的积极影响。因为当威胁解释超过一定阈值后，威胁解释会倒逼企业做出响应，此时创业者已经无法将其视作是暂时的、无需做出调整即可应对的威胁，而又由于创业者威胁解释给创业者带来的焦虑与压迫感，其更可能基于现有的顾客需求与现有的知识对产品与服务做出改进和拓展，而非挖掘潜在需求并开发新的产品或商业模式。杨鹏（2017）也指出，威胁解释会加强企业对现有市场的搜索，进而依托现有流程对产品与效率做出改善。此时，威胁解释呈现出了与响应型市场导向在提升组织韧性水平上的协同增效作用。

进一步地，就威胁解释在先动型市场导向与组织韧性关系中发挥的调节作用而言，本书认为，无论创业者对信息的威胁解释是低水平的还是高水平的，威胁解释都会削弱先动型市场导向对组织韧性的积极影响。因为创业者的威胁感知会降低其在先动性（先动型市场导向）上的资源与注意力投入。即便是高水平的威胁解释也只会促使其借助响应型市场导向做出应对，因此在威胁解释的作用下，创业者会更加关注组织熟悉的、相对稳妥的战略路径，以最大限度地规避风险（杨大鹏，2017），避免"铺张浪费"而出现"企而不立，跨而不行"的问题。奉小斌（2016）的研究表明，管理解释会导致管理者增强追随战略，即跟随竞争对手而加强对现有产品与技术知识的开发。因为这种跟随性的模仿创新能够显著地降低管理者在威胁解释下感知到的未来不可预测性。杨大鹏（2017）也发现，管理者的威胁解释无法对探索性的创新活动积极影响，只能从事一些利用式的创新行动。据此，提出以下假设：

假设 H4c：威胁解释 U 型调节了响应型市场导向与组织韧性的关系。

假设 H4d：威胁解释负向调节了先动型市场导向与组织韧性的关系。

（三）矛盾解释的调节作用

管理者从积极或消极的视角理解信息，并将其贴上"机会"或"威胁"的标签是一种认知捷径，能够节省管理者在评估战略问题上需要付出的努力和认知资源。但随着后续研究的深入，这两种解释机制可以共存的观点得到了证实，即管理者也会从积极和消极相结合的视角解析现象与问题（Yuan 等，2017）。那些持有矛盾解释的创业者会对外部情境信息做出更加全面的解析，权衡其潜在的机会与威胁，并发挥矛盾解释的协同优势，以减轻两种极端解释机制中的认知弊端，进而触发各种可能的组织行动。因为持有矛盾解释的创业者认为，其从市场中获得的信息和现象的不寻常之处是无法用现有的行动惯例与商业模式来解决的。因此，组织需要更新行动以寻找匹配问题的响应（Plambeck 和 Weber，2009），从而能够增强双元市场导向对组织韧性的积极作用。就矛盾解释在响应型市场导向与组织韧性间的调节作用而言，本书认为，矛盾解释会增强两者的关系，即发挥正向调节效应。持有矛盾解释的创业者对响应型市场导向搜索到的当前市场情境信息感到疑惑或矛盾时，这种感知到的复杂性会促使他们进一步搜索、扫描并审查外部市场情况，并根据组织资源对外部环境变化做出预测，仔细评估各种选择，从而选取最可行的路线应对（Yuan 等，2017），无疑会增强响应型市场导向对组织韧性的促进效用。此外，矛盾解释还会增强创业者对市场上顾客现有需求的整体认知，进而改善组织内外部的信息交换、减少对信息分类产生的认知分离，并缓解认知悖论，从而更好地兼顾内外部信息，提高组织依托内部资源对外部情境的响应性（奉小斌和刘皓，2021）。就矛盾解释在先动型市场导向与组织韧性间的调节作用而言，本书认为，矛盾解释也会增强两者的关系，即发挥正向调节效应。创业者对先动型市场导向获得的顾客潜在需求信息进行的矛盾解释强度越高，意味着创业企业更可能扩大对外部情境做出战略反应的范围，承担更大的风险并更可能在创新性上做出更高的试探（奉小斌和刘皓，2021）。同时，创业者还会进一步加强先动型市场导向，以寻找更丰富、细致的信息，从而增强先动型市场导向对组织韧性的促进作用。此外，矛盾解释会增强创业者积极筛选、整合外部获得的先动型信息的能力，并以更高水平的理性与谨慎性做出决策，进而充分利用搜索到的先动型知识以打破既有技术范式，对环境变化做出响应的同时，提升企业现有技术，推动企业实现超越发展（De Marchi 和 Grandinetti，2013）。据此，提出以下假设：

假设 H4e：矛盾解释正向调节了响应型市场导向与组织韧性的关系。

假设 H4f：矛盾解释正向调节了先动型市场导向与组织韧性的关系。

综上所述，构建了管理解释调节作用的理论模型（见图 4-3）。

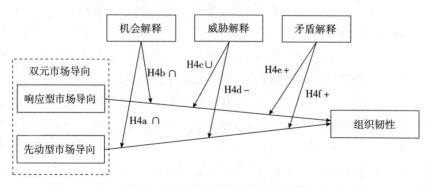

图 4-3　管理解释调节效应理论模型

第二节　研究模型构建

根据上文的理论推演，我们可以构建一个概念模型和研究假设，以探讨创业企业双元市场导向对组织韧性的影响。该模型强调了资源编排和商业模式创新在其中的链接作用，以及管理解释的权变影响。具体而言：

（1）创业企业双元市场导向。创业企业双元市场导向是指企业同时具备响应型市场导向和先动型市场导向，能够在动态变化的市场环境中保持灵活性和前瞻性。这种导向可以帮助企业更好地理解市场需求，预测市场趋势，并提前采取措施应对未来的市场变化。

（2）组织韧性。组织韧性是指企业在面对外部环境压力和挑战时，能够迅速恢复和适应的能力。组织韧性包括企业的创新能力、资源整合能力、市场拓展能力等多个方面，是企业持续发展和竞争优势的重要来源。

（3）资源编排。资源编排是指企业根据市场需求和自身条件，对内部资源进行合理配置和优化组合的过程。高效的资源编排可以帮助企业提高生产效率、降低成本、提升服务质量，从而增强组织的韧性。

（4）商业模式创新。商业模式创新是指企业通过对商业模式的重新构想和实验，以实现新的价值创造和获取方式。新颖型商业模式创新可以帮助企业适应市场变化，提高竞争力，从而提升组织的韧性。

（5）管理解释。管理解释是指企业管理层对市场信息和商业模式的解释与理解。不同的管理解释会对企业的决策和行动产生不同的影响，进而影响组织的韧性。权变理论认为，企业管理层需要根据外部环境的变化和企业自身的特点，灵活调整管理策略和商业模式，以增强组织的韧性。

基于以上概念模型和研究假设，我们可以构建起整体的研究模型：创业企业双元市场导向通过资源编排和商业模式创新对组织韧性产生影响，而管理解释则发挥了权变影响。创业企业双元市场导向对资源编排具有积极影响。双元市场导向使企业既能够响应当前市场需求，又能够预测未来市场趋势。这种前瞻性和灵活性使得企业能够更加高效地进行资源编排，以适应市场需求的变化。资源编排对组织韧性具有积极影响。通过合理配置和优化组合内部资源，企业可以提高生产效率、降低成本、提升服务质量，从而增强组织的韧性。创业企业双元市场导向对商业模式创新具有积极影响。双元市场导向使企业具备前瞻性思维，能够灵活调整商业模式以适应市场变化。新颖的商业模式创新可以帮助企业提高竞争力，提升组织的韧性。商业模式创新对组织韧性具有积极影响。通过重新构想和实验商业模式，企业可以适应市场变化，提高竞争力，从而提升组织的韧性。管理解释对组织韧性具有权变影响。企业管理层对市场信息和商业模式的解释和理解会影响其对市场趋势的判断和企业决策的制定。因此，管理解释需要根据外部环境的变化和企业自身的特点进行灵活调整，以增强组织的韧性。

综上所述，本书构建了以创业企业双元市场导向为核心，以资源编排和商业模式创新为链接，以管理解释为权变因素的整体研究模型。该模型旨在探讨创业企业如何在动态变化的市场环境中通过双元市场导向、资源编排、商业模式创新和管理解释来提升组织韧性，具体如图 4-4 所示。

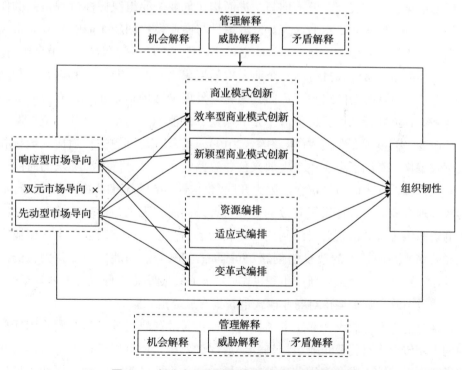

图 4-4 创业企业组织韧性构建机制的研究模型

第三节　研究的进一步拓展

如前文所述，本书认为，资源编排与商业模式创新分别能够在双元市场导向与组织韧性间起到单独的中介作用，即两者均可以是连接创业企业双元市场导向与组织韧性的关键钥匙，以及从双元市场导向视角构建组织韧性的作用机制。进一步地，Zhang 等（2021）指出，实现商业模式创新是困难的，需要大量资源的支持。然而创业企业实际上可供使用的资源十分有限，借助资源编排将手头资源促成多样化的资源组合，并激发出束集效应是推动实现商业模式创新，以响应外部高度波动环境及组织对市场信息高效利用的需求（Sirmon 等，2011），从而增强组织韧性的有效路径。但现有研究对双元市场导向如何通过促进资源编排，并实现商业模式创新，进而构建创业企业组织韧性过程机制的探讨尚不充分。鉴于此，本书认为，资源编排与商业模式创新除能够在双元市场导向与组织韧性间发挥单独中介效应之外，还可能在两者间存在链式中介作用。

具体而言，资源编排行动是企业采取的聚焦内外部资源，以实现企业行动与资源情境良性互动的组织行为。其演化与发展能够推动企业进行有效的资源整合和流程创新，从而促进价值主张的调整、价值创造的更新以及价值获取方式的改变等而重塑商业模式（张璐等，2019）。此外，对资源进行适应式编排和变革式编排，有助于企业在产生即兴创作思路时，无需等待资源寻求的时间而及时抓住转瞬即逝的市场机会。因为开展"模仿性"或"创造性"的资源编排行动为改善现有商业模式提供了有效的商业资源。同时，无论是适应式的还是变革式的资源编排行动都是对资源利用的创新活动，往往可以带动创业企业商业模式在效率或新颖性上的改良与创新（Fuglsang，2010）。因此，本书认为，资源编排还能够对商业模式创新产生积极影响。据此，提出以下假设：

假设 H5a：资源编排对商业模式创新具有显著正向影响。

结合前文研究假设，双元市场导向不仅会通过资源编排或商业模式创新单独的中介传导而对创业企业组织韧性形成促进效用，还可以通过资源编排与商业模式创新的链式中介作用传导而间接影响创业企业的组织韧性。据此，提出如下假设：

假设 H5b：资源编排与商业模式创新在双元市场导向与组织韧性间发挥链式中介作用。

综上所述，构建了两者链式中介作用的理论模型（见图 4-5）。

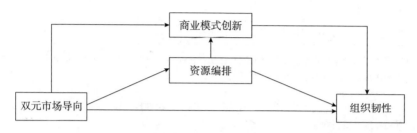

图 4-5　资源编排与商业模式创新的链式中介作用

第四节　本章小结

本章的核心内容为理论推演并提出与创业企业组织韧性构建相关的 20 条研究假设（见表 4-1），为下文实证设计与检验的开展提供方向，具体而言包括以下内容：

第一，理论推演了双元市场导向及其共存对组织韧性的直接影响。

第二，引入资源编排与商业模式创新，并理论推演了双元市场导向对两者的积极影响、两者对组织韧性的积极影响，以及两者在双元市场导向与组织韧性间发挥的中介作用，构建起了以资源编排和商业模式创新双重中介的双元市场导向影响组织韧性的理论框架。

第三，将管理解释作为调节变量纳入到双元市场导向影响组织韧性的主效应模型中，理论推演了机会解释在其中的倒 U 型调节作用，威胁解释在响应型市场导向与组织韧性间的 U 型调节作用、在先动型市场导向与组织韧性间的负向调节作用，以及矛盾解释在其中的正向调节作用。

第四，进一步拓展了研究，并理论推演出了资源编排与商业模式创新在双元市场导向与组织韧性间潜在的链式中介作用。

表 4-1　研究假设汇总

编号	假设内容
双元市场导向对组织韧性的影响	
H1a	响应型市场导向对组织韧性具有显著正向影响
H1b	先动型市场导向与组织韧性具有显著正向影响
H1c	响应型市场导向与先动型市场导向的共存正向影响组织韧性，即响应型市场导向与先动型市场导向在提升组织韧性水平中存在互补效应
H1d	响应型市场导向与先动型市场导向的共存负向影响组织韧性，即响应型市场导向与先动型市场导向在提升组织韧性水平中存在替代效应
资源编排的中介作用	
H2a	适应式编排在响应型市场导向与组织韧性间起到中介作用
H2b	变革式编排在响应型市场导向与组织韧性间起到中介作用
H2c	适应式编排在先动型市场导向与组织韧性间起到中介作用
H2d	变革式编排在先动型市场导向与组织韧性间起到中介作用
商业模式创新的中介作用	
H3a	效率型商业模式创新在响应型市场导向与组织韧性间起到中介作用
H3b	新颖型商业模式创新在响应型市场导向与组织韧性间起到中介作用
H3c	效率型商业模式创新在先动型市场导向与组织韧性间起到中介作用
H3d	新颖型商业模式创新在先动型市场导向与组织韧性间起到中介作用
管理解释的调节作用	
H4a	机会解释倒 U 型调节了响应型市场导向与组织韧性的关系
H4b	机会解释倒 U 型调节了先动型市场导向与组织韧性的关系
H4c	威胁解释 U 型调节了响应型市场导向与组织韧性的关系
H4d	威胁解释负向调节了先动型市场导向与组织韧性的关系
H4e	矛盾解释正向调节了响应型市场导向与组织韧性的关系
H4f	矛盾解释正向调节了先动型市场导向与组织韧性的关系
资源编排与商业模式创新的链式中介	
H5a	资源编排对商业模式创新具有显著正向影响
H5b	资源编排与商业模式创新在双元市场导向与组织韧性间发挥链式中介作用

第五章

创业企业组织韧性构建的实证研究设计

第一节　变量测量

一、核心变量测量

（一）双元市场导向的测量

双元市场导向指的是企业关注市场信息的识别和获取、市场信息在企业内部的传播和协同应用，并致力于创造一种比竞争对手更优越的客户价值的倾向。本书对双元市场导向的测量主要参考并借鉴了张婧和段艳玲（2010）的研究，在对 Narver 等（2004）设计的 MORTN 量表（响应型市场导向测量问卷）和 MOPRO 量表（先动型市场导向测量问卷）进行删减的基础上，分别采用四个题项测量响应型市场导向和先动型市场导向。这一问卷得到了国内众多学者的认可与应用（张婧和赵紫锟，2011；周飞等，2019；何会涛和袁勇志，2019；刘云等，2020），同时在他们的研究中也具有较高的信效度。

具体而言，双元市场导向的测量题项包括响应型市场导向的四个题项以及先动型市场导向的四个题项，其中响应型市场导向的测量题项分别为提高顾客满意度是企业主要的经营目标（RMO1）、企业持续监测满足顾客需求的承诺水平（RMO2）、企业经常系统地评测顾客满意水平（RMO3）、企业具有顾客服务水平的常规测量方式（RMO4）；先动型市场导向的测量题项分别为企业能帮助顾客预测市场的发展趋势（PMO1）、企业不断地努力以发现顾客尚未意识到的额外需求（PMO2）、企业将顾客还没有详细说明的一些潜在需求的解决方案融入到新的产品与服务中（PMO3）、企业在顾客很难表述其需求的领域里寻找商业机会（PMO4），这些题项均来自张婧和段艳玲（2010）以及Narver等（2004）的研究。

（二）资源编排的测量

资源编排是企业吸收、整合并转化应用资源的过程，是企业对资源采取行动以发挥资源效用的行动。本书结合组织双元理论将资源编排划分为适应式编排与变革式编排，而适应式编排与变革式编排还没有现成的题项；同时结合奉小斌和马晓书（2021）对适应式搜索和变革式搜索的测量以及奉小斌等（2021）对反应式搜索和先动式搜索的测量，参考Sirmon等（2007）、Sirmon等（2011）、Queiroz等（2018）以及Wang等（2019）的研究，分别采用三个测量项测度适应式编排与变革式编排。这一测量方式的信效度在下文的实证检验中得到了验证，即该量表能够达到符合要求的信效度。

具体而言，资源编排测量题项包括了适应式编排的三个题项以及变革式编排的三个题项。其中适应式编排的测量题项分别为企业能够引进并消化吸收各类外部知识资源（ARO1）、企业能够借助既有手段整合各类知识资源以丰富现有能力（ARO2）、企业能够借助既有手段转化应用各类知识资源（ARO3）；变革式编排的测量题项分别为企业能够通过内外部协调来丰富现有资源或资源组合（TRO1）、企业能够以一种完全不同的方式整合各类知识资源以开发新能力（TRO2）、企业能够以一种完全不同的方式开发并转化应用各类知识资源（TRO3）。这些测量题项均修改自Sirmon等（2007，2011）、Queiroz等（2018）、Wang等（2019）、奉小斌等（2021）以及奉小斌和马晓书（2021）的研究。

（三）商业模式创新的测量

商业模式创新是描述了企业如何创造价值、如何传递价值以及如何获取价值的过程，包括效率型与新颖型商业模式创新两种。本书对商业模式创新的测量主要参考并借鉴了周飞等（2019）的研究，他们对Zott和Amit（2007）提出的测度效率型与新颖型商业模式创新量表进行了简化，分别采用四个测量项进行测度。这一研究也得到了国内学者的认同（奉小斌等，2021）。

具体地，商业模式创新测量题项包括了效率型商业模式创新的四个题项以及新颖型商业模式创新的四个题项，其中效率型商业创新的测量题项分别为商业模式能降低各参与者在营销、销售与沟通等方面的成本（EBMI1），商业模式能简化交易活动并避免交易过程出现错误（EBMI2），商业模式各参与者之间的信息透明且共享（EBMI3），以及商业模式能够快速聚焦需求，提升交易速度（EBMI4）；新颖型商业模式创新的测量题项分别为商业模式提供新颖的产品与服务（NBMI1）、商业模式设计了全新的盈利方式与盈利点（NBMI2）、商业模式采用了新颖的方式将上下游的企业联系起来（NBMI3），以及商业运作中加入全新的路程、规范与管理方式（NBMI4）。这些测量题项均来自周飞等（2019）、Zott和Amit（2007）的研究。

（四）管理解释的测量

管理解释是管理者根据自身认知对环境中获取信息与线索进行评判与标签定义的过程，包括机会、威胁与矛盾解释三种。本书对管理解释的测量主要参考了Plambeck和Weber（2009）以及奉小斌和刘皓（2021）的研究，对机会解释和威胁解释分别采用四个题项测量。而矛盾解释（AI）则根据Yuan等（2017）以及奉小斌和刘皓（2021）的计算公式，结合机会解释与威胁解释的得分求得，即计算被调查对象在机会解释和威胁解释上的趋近程度作为矛盾解释的得分，而趋近程度的计算方法为求取威胁解释减机会解释的绝对值。

具体地，管理解释的测量题项包括机会解释的四个题项、威胁解释的四个题项，而矛盾解释的测量主要是通过对机会解释和威胁解释进行计算得出的，其中机会解释的测量题项分别为企业在当前的外部环境中可以实现成果（OI1）、企业在当前的外部环境中可以在未来发展上取得更好的业绩（OI2）、企业当前的外部环境具有较大潜力，有利于企业发展（OI3）以及企业当前的外部环境对企业发展具有显著的积极促进作用（OI4）；威胁解释的测量题项分别为我认为我的企业在当前的外部环境中会遭受失败（TI1），我认为我的企业在当前的外部环境中会在未来发展上取得较差的业绩（TI2），我认为我的企业所处的外部环境可能是个陷阱，不利于企业发展（TI3），以及我认为我的企业所处的部环境会对企业的发展产生不利影响（TI4）。这些测量题项均来自Plambeck和Weber（2009）、Yuan等（2017）以及奉小斌和刘皓（2021）的研究。

（五）组织韧性的测量

组织韧性体现了企业克服、规避、化解及吸收 VUCA 或困境，从而恢复正常经营并有可能实现超越原始状态的能力与状态。本书对组织韧性的测量主要参考了 Prayag 等（2019）的研究，从计划韧性和适应韧性两个方面测量，共 9 个题项（见表 5-1）。目前国内组织韧性的实证较少，学者分别采用了不同的测量方式，之所以应用 Prayag 等（2019）的量表主要是因为他们的研究不仅体现了恢复平常状态（计划韧性），还体现了反超改进过程（适应韧性）。

表 5-1　管理解释测量题项

构念	编号	测量项	来源
组织韧性	OR1	考虑到别人对我们的依赖程度，我们对意外事件的计划是恰当的	Prayag 等（2019）
	OR2	我们的组织致力于实践和测试其应急计划，以确保其有效性	
	OR3	我们的重点是能够对突发事件做出反应	
	OR4	我们已经明确规定了危机期间和危机之后的重点	
	OR5	我们组织中的人致力于解决问题，直到问题得到解决	
	OR6	我们的组织有足够的资源来吸收一些意想不到的变化	
	OR7	如果关键人物不在，总有其他人可以接替他们的角色	
	OR8	如果我们遭遇危机，我们组织内部会有很好的领导	
	OR9	我们以能够以新颖的方式运用知识而闻名	

资料来源：笔者整理。

二、控制变量测量

为保障研究结论的可靠性，本书选取了能够影响研究结论的若干因素作为控制变量，在实证检验中予以控制。一方面，在被调查对象的人口统计特征上，控制了被调查者的性别、年龄和受教育程度；另一方面，在被调查企业的特征上，控制了创业企业是否为家族企业、所属的产业、性质、成立时间以及企业的规模。

既往研究表明，创业者的一些人口统计特征会影响到其实施的创业行动与组织韧性的关系(王勇, 2019; 王勇和蔡娟, 2021; 赵思嘉等, 2021; 段升森等, 2021)。性别会影响创业者的创业动机、追求的目标以及创业者融资的能力, 这些对创业者可能实施的创业行动及组织韧性都会产生影响; 年龄决定了创业者的阅历和经验, 这些会影响创业者在危机情境下对外部情境的认知, 进而对组织韧性产生影响; 学历会通过影响创业者的信息处理能力及考虑问题的全面性, 从而影响组织韧性。此外, 创业企业的某些特征本身也会影响组织韧性(王勇, 2019; 王勇和蔡娟, 2021; 赵思嘉等, 2021; 段升森等, 2021)。家族企业通常从事创业者熟悉的活动, 且拥有更高的社会资本和物质基础; 处于传统行业内的创业企业相对于高科技产业的企业, 在承受的技术波动风险上更少; 相对于民营企业, 国有企业能够获得更多政策上的支持; 成立时间更长的创业企业经历更多, 在灵活采用各种方式以应对危机事件上可能表现得更好; 规模大的企业自身"防火墙"的厚度高于规模较小的企业, 但它们在从事创新性活动方面的灵活性表现得更差。

第二节 问卷形成

一、问题设计

基于前文的探析, 本书旨在剖析双元市场导向、资源编排、商业模式创新、管理解释与创业企业组织韧性间的因果关系, 而由于创业企业相比成熟上市企业具有成立时间短、数据难以获得等特征, 且诸如双元市场导向与管理解释等变量都与创业者的认知直接相关, 这些都难以体现在二手数据上。因此, 本书采用问卷调查的方法获得数据, 对上述32条假设进行实证检验。问卷调查方法不仅对被调查者的干扰小, 还有助于快速并高效地获取数据。

鉴于此, 遵循问卷调查研究方法的若干基本原则, 例如, 合理性、非诱导性、一般性等, 本书在梳理相关构念既有文献、编制初始问卷、进行小规模访谈、对问卷进行修订并实施预调研的基础上, 开展了正式调研。首先, 梳理相关构念测量量表文献。通过梳理文献来详细了解本书所使用的概念的测量问卷,选取其中相对更为成熟的、得到应用更多的以及信效度更高的量表。其次，对国外的量表进行"翻译-回译"程序，即邀请管理学专业的几名博士研究生与本人一起将外文量表翻译成中文，然后再将中文翻译为外文，如此反复直到达成一致的观点，这就形成了中文版的测量量表。同时，结合我国以及创业企业情境对相关表述进行修订，生成初步的调研问卷。另外，由于适应式编排与变革式编排缺乏现成的成熟量表，本书根据 Narver 等（2004）的研究，然后借鉴奉小斌等（2021）对反应式搜索和先动式搜索的测量，在咨询了两位管理领域专家学者并与若干名管理领域博士研究生进行了交流之后，对资源编排成熟量表（Queiroz 等，2018；Wang 等，2019）的表述做了适当的修改与调整，分别从三个维度（即资源吸收、整合与转化应用）测量适应式编排与变革式编排。再次，邀请山东济南某企业的多名员工填写问卷，并在他们填写完成之后询问其对相关表述的理解，以避免初步调研问卷存在表述不清或歧义等问题，然后结合他们的意见再次对问卷进行修订，形成预调研问卷；之后开展预调研，并在预调研之后再次修订相关表述，从而形成正式问卷。最后，应用正式问卷实施大规模调研，获取更大范围的调研数据来检验假设。

二、问卷预调研与正式问卷形成

为了避免正式调研过程中由于测量量表问题产生的误差，本书在开展正式问卷调研之前进行了预调研，来验证各个测量量表的信效度。2020 年 9~12 月，借助 Credamo 平台、问卷星平台、微信和电子邮件等方式，邀请创业企业的创业者和中高层管理者以及在创业企业担任中高层管理者的 MBA 学生填写问卷，在剔除无效作答以及非中高层管理者填写的问卷后，共获得了 160 份有效问卷。

接下来，本书对上述 160 份有效问卷进行了探索性因子分析、信度检验与总分相关分析来考察问卷结构是否合理：一是在探索性因子分析上，符合要求的标准是 KMO 高于 0.7，且 Bartlett's 球形检验结果显著，同时因子分析提取因子的累计解释量大于 0.5。二是在信度检验上，可以接受的标准是 Cronbach's α 信度系数大于或等于 0.6，最好大于 0.7。当出现删除某一测量项后 Cronbach's α 信度系数显著增加的情况下，可以考虑删除该条目。三是在总分相关分析（CITC）上，符合要求的最低标准是 CITC 大于 0.3（Kerunger，1986），与

Cronbach's α 信度系数相似，当出现删除某一条目后 CITC 显著增加的情况下，可以考虑删除该条目。

遵循上述原则，本书运用 SPSS25.0 软件对数据进行处理，结果如表 5-2 所示。

表 5-2　预调研数据分析结果

	预试测量项	CITC	每一条目的 Cronbach's α	总 Cronbach's α	KMO	Bartlett's 球形检验
响应型 市场导向	RMO1	0.677	0.735	0.809	0.796	63.777%
	RMO2	0.642	0.752			
	RMO3	0.556	0.793			
	RMO4	0.636	0.758			
先动型 市场导向	PMO1	0.657	0.699	0.784	0.747	60.902%
	PMO2	0.562	0.745			
	PMO3	0.549	0.752			
	PMO4	0.598	0.728			
适应式 编排	ARO1	0.677	0.718	0.809	0.708	72.328%
	ARO2	0.680	0.714			
	ARO3	0.616	0.778			
变革式 编排	TRO1	0.625	0.749	0.800	0.709	71.506%
	TRO2	0.669	0.703			
	TRO3	0.642	0.730			
效率型商业 模式创新	EBMI1	0.644	0.783	0.825	0.710	65.777%
	EBMI2	0.636	0.786			
	EBMI3	0.744	0.735			
	EBMI4	0.582	0.811			
新颖型商业 模式创新	NBMI1	0.515	0.868	0.842	0.793	68.400%
	NBMI2	0.780	0.753			
	NBMI3	0.729	0.775			
	NBMI4	0.694	0.792			

预试测量项		CITC	每一条目的 Cronbach's α	总 Cronbach's α	KMO	Bartlett's 球形检验
机会解释	OI1	0.780	0.795	0.863	0.791	70.955%
	OI2	0.761	0.804			
	OI3	0.691	0.832			
	OI4	0.612	0.863			
威胁解释	TI1	0.856	0.909	0.933	0.859	83.363%
	TI2	0.866	0.906			
	TI3	0.823	0.919			
	TI4	0.827	0.918			
组织韧性	OR1	0.603	0.830	0.849	0.857	56.732%
	OR2	0.500	0.840			
	OR3	0.568	0.833			
	OR4	0.664	0.823			
	OR5	0.510	0.839			
	OR6	0.604	0.830			
	OR7	0.516	0.839			
	OR8	0.548	0.835			
	OR9	0.582	0.832			

第一，双元市场导向检验结果。响应型市场导向、先动型市场导向探索性因子分析结果表明，KMO 分别为 0.796、0.747（大于 0.7），Bartlett's 球形检验结果均显著，累计解释的变异量占比分别为 63.777%、60.902%（大于 50%）；每一条目的 Cronbach's α 系数与总体的 Cronbach's α 系数均大于 0.7；CITC 均大于 0.3，符合可以接受的标准，无需删减条目。

第二，资源编排检验结果。适应式编排、变革式编排探索性因子分析结果表明，KMO 分别为 0.708、0.709，Bartlett's 球形检验结果均显著，累计解释的变异量占比分别为 72.328%、71.506%（大于 50%）；每一条目的 Cronbach's α 系数和总体的 Cronbach's α 系数都大于 0.7；CITC 均大于 0.3，符合可以接受的标准，无需删减。

第三，商业模式创新检验结果。效率型商业模式创新、新颖型商业模式创新探索性因子分析结果表明，KMO 分别为 0.710、0.793，Bartlett's 球形检验结果均显著，累计解释的变异量占比分别为 65.777%、68.400%（大于 50%）；每一条目的 Cronbach's α 系数和总体的 Cronbach's α 系数都大于 0.7；CITC 均大于 0.3，符合可以接受的标准，无需删减。

第四，管理解释检验结果。机会解释、威胁解释探索性因子分析结果表明，KMO 分别为 0.791、0.859，Bartlett's 球形检验结果均显著，累计解释的变异量占比分别为 70.955%、83.363%（大于 50%）；每一条目的 Cronbach's α 系数和总体的 Cronbach's α 系数都大于 0.7；CITC 均大于 0.3，符合可以接受的标准，无需删减。

第五，组织韧性检验结果。组织韧性探索性因子分析结果表明，KMO 为 0.857，Bartlett's 球形检验结果显著，累计解释的变异量占比分别为 56.732%（大于 50%）；每一条目的 Cronbach's α 系数和总体的 Cronbach's α 系数都大于 0.7；CITC 均大于 0.3，符合可以接受的标准，无需删减。

通过对预调研数据进行的分析检验可以看出，本书对所有构念使用的测量量表的信效度均符合可以接受的标准，证实了问卷的有效性。在此基础上，再次审视了预调研问卷，对其中表述不清的地方，再次进行了修改，从而形成了正式的调研问卷（见附录）。

第三节　问卷发放与数据收集

一、样本选择

在调研对象上，本书主题为创业企业组织韧性的构建机制与实现路径，研究对象聚焦创业企业，目前学界对创业企业的界定主要从时间角度出发（即企业成立的时间），但在对成立时间的界定上尚未达成一致的观点。通常情况下，学者将成立时间小于或等于 8 年的企业视为创业企业，但也有学者将成立时间界定为 2 年以上 9 年以下、10 年以下、10 年以上且生命周期完整、15 年。结合本书研究主题，本书对调研对象的选取需要其能够有效地回答创业企业组织韧性构建的问题。鉴于此，在对创业企业成立时间的要求上，本书考察的创业企业是成立时间少于 10 年的创业企业，这样研究对象既能够体现出组织韧性，也就是说创业者或中高层管理者在有关组织韧性相关表述的回答上具有一定代表性，又能够与多数从时间视角界定创业企业的现有研究保持一致性（彭学兵等，2016，2017）。此外，本书要求被调研对象足够了解组织情况以便回答组织层面上的测量题项，因此，本书调研对象为创业企业的创业者和中高层管理者。

在样本数量上，既有实证分析表明样本数量越多结果越可靠。根据吴明隆（2010）的研究，采用极大似然估计或者分层回归的方式检验研究假设，要求样本量是每个观测变量的 5～10 倍，过度高于 5～10 倍的标准或过度低于 5～10 倍的标准都将影响结果的可靠性、可信性。基于此，由表 5-2 可知，本书所有观测变量总计包括 39 个测量题项。因此，遵循吴明隆（2010）的研究，本书最终的有效问卷需保持在 195～390 份。由此，本书拟发放问卷 500 份，以确保后续在剔除无效问卷后，获得的最终样本量能够处于这个区间，进而为实证检验奠定基础。

二、数据收集

在确定了调研对象、地区和数量后，本书开启正式调研，正式调研时间始于 2021 年 9 月，到 2021 年 12 月结束，主要收集问卷的方式包括以下四个：①借助师门关系向山东、浙江等地的众创空间创业企业的创业者和中高层管理者发放问卷星问卷链接，邀请他们填写；②邀请在创业企业中担任过高层管理者或有过创业经验的 MBA 学员和学生群体填写问卷星问卷链接，同时依托同学、亲人及熟人介绍再借由"滚雪球"的方式收集部分问卷；③审视并使用师门以往在创业孵化中心收取的纸质问卷数据；④委托第三方平台（Credamo 平台）并要求其向成立 10 年以内的创业企业中高层管理者随机发放问卷。通过上述四种方式，发放了略超出预期（500 份）的问卷，共发放了 510 份问卷，在根据问卷第一个问题（即"请问您目前在公司内担任的职务是"）进行初步筛选，以及按照存在缺失值、作答时间较短和连续填写一个选项的标准对问卷再次筛选后，共获得了 260 份有效问卷（整体有效回收率为 50.98%），达到了样本数量要求。

第四节　本章小结

本章主要为下文的实证分析奠定基础，即为创业企业组织韧性构建的实证研究设计部分，该部分主要包括以下三个方面的内容：

首先，介绍了所使用到的核心变量（响应型市场导向、先动型市场导向、适应式编排、变革式编排、效率型商业模式创新、先动型商业模式创新、组织韧性、机会解释、威胁解释）的测量方式，同时说明了使用的控制变量有哪些。

其次，介绍了问卷形成的过程，说明问卷预调研的结果以及正式问卷是如何形成的。

最后，对问卷发放以及数据收集的过程进行了说明，包括所选择的样本以及样本选取的原因、数据收集的时间以及方式等。

第六章

创业企业组织韧性构建的实证分析与假设检验

第一节 数据质量分析

一、数据正态性检验

在统计分析中，数据正态分布是许多统计方法和假设检验的前提假设。正态分布假设检验通常用于确定数据是否符合正态分布。如果不符合正态分布，那么可能需要重新考虑数据的收集或处理方法，或者寻找其他合适的统计方法来进行分析。

偏斜度和峰度是衡量数据分布形态的两个重要指标。偏斜度主要衡量数据的对称性或偏斜程度，而峰度则衡量数据的集中程度和分布的尖锐程度。在理论上，正态分布的偏斜度应为 0，峰度应为 3。但在实际数据中，由于各种因素的影响，偏斜度和峰度可能会有所偏离。

一般来说，如果数据的偏斜度取值的绝对值小于 3 且峰度取值的绝对值小于 10，那么可以认为数据近似服从正态分布。因此，根据这个标准，由表 6-1 可知，所有测量题项的偏斜度的绝对值均小于 2(满足绝对值小于 3)，峰度的绝对值均小于 4(满足绝对值小于 10)，所以可以认为这些数据呈正态分布。

在这种情况下，可以进行假设检验。假设检验是一种统计方法，通过比较观察到的数据和预期的结果(假设)来确定是否接受或拒绝这个假设。在进行假设检验时，需要明确研究假设和备择假设，并根据数据计算统计量，然后根据统计量的分布来做出决策。

　　根据上文所述，本书运用SPSS25.0软件计算样本数据的偏斜度、峰度。当偏斜度取值的绝对值小于3且峰度取值的绝对值小于10时，则说明数据呈正态分布。由表6-1可知，所有测量题项的偏斜度的绝对值均小于2、峰度的绝对值均小于4，符合要求，可以进行假设检验。

表6-1　数据正态性检验结果

测量项	偏斜度	峰度
RMO1	−1.165	1.203
RMO2	−1.081	1.740
RMO3	−1.137	1.324
RMO4	−0.842	1.207
PMO1	−1.243	1.970
PMO2	−1.052	1.128
PMO3	−1.266	1.355
PMO4	−1.018	0.754
ARO1	−0.893	1.451
ARO2	−1.127	1.929
ARO3	−1.056	1.670
TRO1	−1.238	1.661
TRO2	−0.852	0.551
TRO3	−0.886	0.999
EBMI1	−1.215	1.598
EBMI2	−0.837	1.478
EBMI3	−0.913	1.077
EBMI4	−0.826	0.597
NBMI1	−0.964	1.224
NBMI2	−1.426	3.650
NBMI3	−0.962	1.347
NBMI4	−1.096	1.283

续表

测量项	偏斜度	峰度
OI1	−1.139	1.793
OI2	−1.051	1.665
OI3	−0.926	1.015
OI4	−1.314	2.349
TI1	0.379	−1.201
TI2	0.420	−1.191
TI3	0.306	−1.168
TI4	0.527	−0.986
OR1	−0.906	1.007
OR2	−1.307	3.784
OR3	−1.249	2.015
OR4	−1.133	2.066
OR5	−1.080	1.276
OR6	−0.877	0.943
OR7	−0.628	0.679
OR8	−1.278	2.495
OR9	−0.620	−0.040

注：N=260。

二、共同方法偏差检验

尽管此次调研要求每一单位仅填写一份问卷来控制可能的共同方法偏差，但问卷调查研究方法的一大弊端即共同方法偏差问题。因此，为检验样本数据是否存在较严重的共同方法偏差，本书采用 Harman 单因子检验方法对数据进行考察。在未旋转的情况下，将所有测量项纳入因子分析中，提取的第一个因子解释了总方差的 25.038%，未达总体（68.630%）的 50%，说明本书的样本数据并不存在较为严重的共同方法偏差。

三、信度与效度分析

(一) 信度检验

信度检验主要考察样本数据是否具有可靠性、稳定性。既有研究一般采用 Cronbach's α 信度系数、CITC 值以及组合信度系数(CR)等进行检验。Cronbach's α 信度系数越大说明样本数据的信度越高,且通常以 0.7 作为衡量样本数据的信度是否符合可接受的标准,大于 0.7 表明样本数据的信度符合要求(吴明隆, 2010)。鉴于此,本书运行 SPSS25.0 软件计算的 Cronbach's α 信度系数结果见表 6-2。由此可知,响应型市场导向、先动型市场导向的 Cronbach's α 信度系数分别为 0.801、0.778;适应式编排、变革式编排的 Cronbach's α 信度系数分别为 0.837、0.848;效率型商业模式创新、新颖型商业模式创新的 Cronbach's α 信度系数分别为 0.824、0.843;机会解释、威胁解释的 Cronbach's α 信度系数分别为 0.872、0.934;组织韧性的 Cronbach's α 信度系数为 0.842。以上变量均大于 0.7,且大部分都大于 0.8,说明其符合信度检验的要求。

除 Cronbach's α 信度系数之外,总体相关性系数(CITC)也是考察数据信度的有效指标,当 CITC 大于 0.3 时,则说明数据具有可靠性。本书变量的 CITC 均大于 0.3,说明了样本数据的可靠性(见表 6-2)。

表 6-2　各变量载荷和 CITC

变量	因子	载荷	T 值	CITC	Cronbach's α 系数
响应型市场导向	RMO1	0.819	70.212	0.652	0.801
	RMO2	0.792	76.408	0.613	
	RMO3	0.755	75.183	0.571	
	RMO4	0.800	81.840	0.625	
先动型市场导向	PMO1	0.821	75.860	0.644	0.778
	PMO2	0.746	69.922	0.547	
	PMO3	0.752	70.639	0.547	
	PMO4	0.783	65.741	0.594	

续表

变量	因子	载荷	T 值	CITC	Cronbach's α 系数
适应式编排	ARO1	0.871	59.523	0.704	0.837
	ARO2	0.876	53.570	0.711	
	ARO3	0.859	52.468	0.684	
变革式编排	TRO1	0.866	38.088	0.700	0.848
	TRO2	0.880	42.797	0.722	
	TRO3	0.883	41.333	0.729	
效率型商业模式创新	EBMI1	0.750	59.265	0.568	0.824
	EBMI2	0.839	62.340	0.690	
	EBMI3	0.862	54.599	0.726	
	EBMI4	0.786	55.504	0.615	
新颖型商业模式创新	NBMI1	0.761	62.204	0.597	0.843
	NBMI2	0.858	63.558	0.727	
	NBMI3	0.852	63.136	0.713	
	NBMI4	0.828	70.756	0.679	
机会解释	OI1	0.879	62.376	0.768	0.872
	OI2	0.856	61.334	0.734	
	OI3	0.842	61.407	0.715	
	OI4	0.824	60.452	0.690	
威胁解释	TI1	0.919	30.889	0.853	0.934
	TI2	0.925	28.385	0.862	
	TI3	0.906	30.225	0.832	
	TI4	0.907	30.476	0.834	
组织韧性	OR1	0.691	78.764	0.580	0.842
	OR2	0.720	88.424	0.507	
	OR3	0.678	84.645	0.567	
	OR4	0.762	82.966	0.661	
	OR5	0.702	87.676	0.495	

续表

变量	因子	载荷	T 值	CITC	Cronbach's α 系数
组织韧性	OR6	0.701	82.501	0.590	0.842
	OR7	0.713	82.051	0.497	
	OR8	0.750	83.390	0.542	
	OR9	0.661	79.017	0.552	

注：N=260。

（二）效度检验

效度检验主要考察样本数据是否能够真正度量某一构念。既有研究一般通过两个指标即"聚合效度"和"区分效度"验证数据效度。聚合效度考察的是一个构念下的不同测量项是否测量的是该构念，即一个潜变量下的所有测量项的相关程度，彼此间的相关系数越高说明该构念的聚合效度越高。本书通过计算每一变量的因子载荷，来检验样本数据的聚合效度。当每一因子的因子载荷值大于 0.5 时，说明每一潜变量的测量项与该潜变量之间的共同变异量高于每一潜变量的测量项与误差方差之间的共同变异量，即说明聚合效度是合理的(Fomell 和 Larcker，1981)。由表 6-2 可知，所有变量提取的因子载荷均大于 0.5，符合 Fomell 和 Larcker(1981)的建议。

区分效度考察的是不同构念的测量项之间的区别程度，即体现的是不同构念的测量项之间的相关系数是不会很大，反映了不同构念的含义不同，不会引起混淆。本书通过计算每一变量的平均变异抽取值(AVE)的平方根，并将其与所在行或列的相关系数进行比较，来检验样本数据的区分效度(见表 6-4)。由表 6-4 可知，各个变量 AVE 的平方根均大于所在行或列的相关系数，说明本书的样本数据具有较好的区分效度。同时，不同变量之间的相关系数均小于 0.7，这从另一个角度说明了本书样本数据具有较好的区分效度。

第二节 样本描述性统计分析

一、样本特征的描述性统计分析

本书对各变量进行了描述性统计分析，以便把握样本数据的总体情况与构成，主要从两个方面论述：①报告样本特征，即被调查者的人口统计特征（性别、年龄等）及创业企业的特征（行业、属性等）；②报告所有变量的均值、标准差、相关系数、AVE 的平方根、CR 系数等（见表6-4）。

（一）被调查者的人口统计特征

第一，对回收的 260 份有效问卷的性别进行的描述性统计分析结果见表6-3。由表6-3可知，被调查对象中男性占比 64.6%，女性占比 35.4%，男性略高于女性，这与大多数创业研究所收集的样本数据类似（周键，2016）。同时，也体现了男性更愿意从事风险性更高的创业活动，从而追求满足成就需求。

第二，对回收的 260 份有效问卷的年龄进行的描述性统计分析结果见表6-3。由表6-3可知，处于 31~40 岁的被调查者占比最大，达49.2%，处于这一年龄段的群体正是创业的黄金阶段，不仅有充足的经历也有较为丰富的物质资本。除此之外，30 岁及以下的被调查者约占 38.8%，这可能与研究者本人邀请的有过创业经验的学生群体有关。此外，41~50 岁以及 51 岁及以上的被调查者分别占总体的 11.5%、4.0%。

第三，对回收的 260 份有效问卷的学历进行的描述性统计分析结果见表6-3。由表6-3可知，拥有本科学历的被调查者占比最大，达58.5%，这与当前创业活动对创业者受教育程度要求不断提升的背景相一致。除此之外，拥有专科学历的被调查者也较多，占比 23.8%，专科与本科学历的被调查者已经占总体的绝大多数。此外，拥有研究生学历和高中及以下学历的被调查者分别占总体的 15.0%、2.7%。

表 6-3 样本描述性统计分析结果

人口统计特征	维度	频率(人)	占比(%)	累计占比(%)
性别	男性	168	64.6	64.6
	女性	92	35.4	100
年龄	30 岁及以下	101	38.8	38.8
	31~40 岁	128	49.2	88.1
	41~50 岁	30	11.5	99.6
	51 岁及以上	1	4.0	100
受教育程度	高中及以下	7	2.7	2.7
	专科学历	62	23.8	26.5
	本科学历	152	58.5	85.0
	研究生学历	39	15.0	100
企业特征	维度	频率(家)	占比(%)	累计占比(%)
是否为家族企业	是	65	25.0	25
	否	195	75.0	100
所属行业	电子信息	43	16.5	16.5
	材料能源	45	17.3	33.8
	生物医药	47	18.1	51.9
	传统制造业	53	20.4	72.3
	服务业/文化产业	72	27.7	100
性质	国有企业	79	30.4	30.4
	民营企业	156	60.0	90.4
	合资企业	23	8.8	99.2
	其他	2	0.8	100

续表

企业特征	维度	频率(家)	占比(%)	累计占比(%)
成立时间	1年以下	9	3.5	3.5
	1~3年	45	17.3	20.8
	3~5年	64	24.6	45.4
	5~8年	93	35.8	81.2
	8~10年	49	18.8	100
企业规模	≤20人	43	16.6	16.6
	21~50人	58	22.3	38.8
	51~100人	97	37.3	76.2
	101~200人	36	13.8	90.0
	200人以上	26	10.0	100
总计		260	100	

注：N=260。

(二) 被调查企业的特征

第一，对回收的260份有效问卷是否为家族企业进行的描述性统计分析结果如表6-3所示。由表6-3可知，75.0%的被调查企业为非家族企业，这从侧面说明当代年轻人的创业活力。

第二，对回收的260份有效问卷的行业进行的描述性统计分析结果如表6-3所示。由此可知，本书收集的企业所从事的行业分布较为平衡，在很大程度上避免了行业对结果可靠性的影响。其中，从事服务业或文化产业的受访者相对较多，占比达27.7%，其余从事电子信息、材料能源、生物医药以及传统制造业的企业分别占比为16.5%、17.3%、18.1%、20.4%。

第三，对回收的260份有效问卷的性质进行的描述性统计分析结果见表6-3。由此可知，民营企业最多，占比60.0%，这与当前我国创业企业的现状相吻合。国有企业、合资企业分别占比30.4%、8.8%。

第四，对回收的260份有效问卷的成立时间进行的描述性统计分析结果见表6-3。由此可知，本书所调研的企业大多数成立时间在3~8年，占比超过60.4%。其中处于5~8年的创业企业最多，占比35.8%，3~5年次之，占比24.6%，而1年以下、1~3年和8~10年的分别占总体的3.5%、17.3%、18.8%。

第五，以员工数衡量企业规模，对回收的260份有效问卷的企业规模进行的描述性统计分析结果见表6-3。由此可知，被调查者企业员工人数在51~100人的居多，占总体的37.3%，21~50人的企业占比也较多，为22.3%，加之20人及以下的中小型企业在总体样本中占比达76.2%，因此本书研究对象的企业规模相对较小，也符合创业企业的基本特征。

二、相关分析

本书在对样本进行描述性统计分析的基础上，计算了各个变量的均值、标准差以及相关系数(见表6-4)。由表6-4可知，响应型市场导向与组织韧性显著正相关($\gamma=0.289$，$p<0.01$)，先动型市场导向与组织韧性显著呈正相关($\gamma=0.457$，$p<0.01$)，适应式编排与组织韧性显著呈正相关($\gamma=0.354$，$p<0.01$)，变革式编排与组织韧性显著呈正相关($\gamma=0.297$，$p<0.01$)，效率型商业模式创新与组织韧性显著呈正相关($\gamma=0.258$，$p<0.01$)，新颖型商业模式创新与组织韧性显著呈正相关($\gamma=0.303$，$p<0.01$)；响应型市场导向($\gamma=0.327$，$p<0.01$)与适应式编排显著呈正相关，而与变革式编排的相关性不显著；先动型市场导向与适应式编排显著呈正相关($\gamma=0.257$，$p<0.01$)，与变革式编排显著呈正相关($\gamma=0.194$，$p<0.01$)；响应型市场导向与效率型商业模式创新显著呈正相关($\gamma=0.225$，$p<0.01$)，与新颖型商业模式创新显著呈负相关($\gamma=-0.135$，$p<0.05$)；先动型市场导向与效率型商业模式创新显著呈正相关($\gamma=0.203$，$p<0.01$)，与新颖型商业模式创新显著呈正相关($\gamma=0.190$，$p<0.01$)，这初步验证了本书提出的若干假设。

表 6-4　相关分析结果

	1	2	3	4	5	6	7	8	9	10	11	12	13	14	15	16	17	18
1. 性别																		
2. 年龄	0.005																	
3. 学历	-0.057	0.002																
4. 是否为家族企业	-0.093	0.043	-0.100															
5. 行业	0.009	-0.018	-0.199**	0.046														
6. 性质	0.083	0.113	-0.103	-0.187**	0.005													
7. 成立时间	-0.106	0.322**	0.211*	-0.155*	0.043	-0.048												
8. 规模	-0.097	0.010	0.062	0.076	-0.056	-0.081	0.014											
9. RMO	0.159*	0.012	-0.013	0.020	0.121	-0.062	-0.116	-0.034	**0.792**									
10. PMO	-0.074	0.004	-0.113	0.103	0.056	-0.027	-0.028	-0.027	0.100*	**0.776**								
11. ARO	0.085	-0.005	-0.090	0.063	0.106	-0.015	-0.030	-0.044	0.327**	0.257**	**0.869**							
12. TRO	-0.021	-0.041	-0.081	0.007	0.004	-0.128*	-0.019	0.055	-0.076	0.194**	0.188**	**0.876**						
13. EBMI	0.049	-0.126*	-0.061	0.157*	0.076	-0.027	-0.005	0.033	0.225**	0.203**	0.215**	0.098	**0.810**					
14. NBMI	0.010	-0.051	0.026	0.028	-0.124*	-0.159*	0.080	-0.194**	-0.135*	0.190**	0.025	0.130*	0.105*	**0.826**				
15. OI	0.073	0.007	-0.134*	0.149*	0.103	-0.070	-0.050	-0.020	0.350**	0.393**	0.350**	0.235**	0.356**	0.152*	**0.850**			
16. TI	-0.032	-0.056	0.055	-0.087	-0.073	-0.008	0.004	-0.036	-0.176**	-0.274**	-0.276**	-0.149*	-0.154*	-0.243**	-0.493**	**0.914**		
17. AI	0.060	0.044	-0.102	0.133*	0.101	-0.034	-0.021	0.005	0.292**	0.371**	0.349**	0.226**	0.275**	0.236**	0.700**	-0.699**	N/A	
18. OR	0.042	0.016	-0.098	0.106	-0.019	-0.012	0.009	0.078	0.289**	0.457**	0.354**	0.297**	0.258**	0.303**	0.610**	-0.514**	0.654**	**0.709**
均值	1.354	1.735	2.858	0.250	3.254	1.800	3.492	2.785	5.510	5.485	5.489	5.264	5.235	5.086	5.780	2.337	3.463	5.617
标准差	0.479	0.671	0.691	0.434	1.446	0.620	1.089	1.176	0.830	0.693	0.700	1.005	0.766	0.942	0.663	0.934	1.337	0.540
CR	N/A	N/A	N/A	N/A	N/A	N/A	N/A	N/A	0.870	0.858	0.902	0.909	0.884	0.895	0.913	0.953	N/A	0.901

注：* 表示 $p < 0.05$，** 表示 $p < 0.01$，对角线上的黑体数据为 AVE 的平方根，N/A 表示不适合分析。

116

第三节 假设检验与检验结果

一、直接效应假设检验

本书应用多层回归分析方法验证主效应，即双元市场导向对组织韧性的影响，结果见表6-5。其中，模型1代表的是控制变量对组织韧性的影响，模型2、模型3分别在模型1的基础上加入了响应型市场导向、先动型市场导向等自变量，模型4在模型1的基础上同时纳入了双元市场导向以考察其两个维度对组织韧性的差异化影响效应。为检验两者共存对组织韧性的影响，本书首先对两者进行了标准化，之后构建模型5考察两者共存对组织韧性存在协同效应还是替代效应。

表6-5 双元市场导向对组织韧性的直接效应检验结果

变量	组织韧性				
	模型 1	模型 2	模型 3	模型 4	模型 5
性别	0.067 (0.942)	0.015 (0.217)	0.106 (1.659)	0.059 (0.952)	0.066 (1.060)
年龄	−0.008 (−0.142)	−0.025 (−0.488)	−0.010 (−0.203)	−0.024 (−0.530)	−0.029 (−0.622)
学历	−0.086 (−1.669)	−0.097* (−1.967)	−0.049 (−1.070)	−0.061 (−1.372)	−0.060 (−1.359)
是否为家族企业	0.133 (1.635)	0.136 (1.755)	0.087 (1.190)	0.092 (1.319)	0.094 (1.348)
行业	−0.017 (−0.698)	−0.032 (−1.410)	−0.022 (−1.034)	−0.035 (−1.704)	−0.032 (−1.544)
性质	0.002 (0.035)	0.026 (0.479)	0.010 (0.199)	0.030 (0.617)	0.031 (0.649)

变量	组织韧性				
	模型 1	模型 2	模型 3	模型 4	模型 5
成立时间	0.029 (0.845)	0.051 (1.545)	0.030 (0.990)	0.049 (1.655)	0.048 (1.627)
规模	0.037 (1.265)	0.039 (1.431)	0.044 (1.695)	0.046 (1.850)	0.043 (1.740)
RMO		0.202 *** (5.074)		0.172 *** (4.791)	0.147 *** (4.923)
PMO			0.357 *** (8.163)	0.336 *** (7.955)	0.244 *** (8.109)
RMO×PMO					−0.046 (−1.549)
R^2	0.032	0.122	0.236	0.300	0.307
ΔR^2	0.032	0.090	0.204	0.268	0.007
F	1.037	3.874 ***	8.567 ***	10.683 ***	9.984 ***
ΔF	1.037	25.750 ***	66.634 ***	47.722 ***	2.398

注：* 表示 $p<0.05$、*** 表示 $p<0.001$，括号内为 T 值。

由表 6-5 可知，除了模型 1 的 F 值不显著，其他模型的 F 值均显著。与模型 1 相比，模型 2 表明，响应型市场导向对组织韧性具有显著积极影响（$\beta=0.202$，$p<0.001$），且响应型市场导向解释了组织韧性 9% 的方差（$\Delta R^2=0.090$），因此假设 H1a 成立；与模型 1 相比，模型 3 表明，先动型市场导向对组织韧性具有显著积极影响（$\beta=0.357$，$p<0.001$），且响应型市场导向解释了组织韧性 20.4% 的方差（$\Delta R^2=0.204$），因此假设 H1b 成立；与模型 1 相比，模型 4 表明，响应型市场导向、先动型市场导向对组织韧性具有差异化的影响，先动型市场导向相比响应型市场导向，对组织韧性的促进效用更显著（$\beta=0.336$，$p<0.001$）；模型 5 表明，响应型市场导向、先动型市场导向的交互项对组织韧性没有显著影响，这说明两者共存无法对组织韧性构建产生协同效应。因此，假设 H1d 得到证实，同时否定了假设 H1c。

为考察双元市场导向对资源编排、商业模式创新的直接影响，以及资源编排、商业模式创新对组织韧性的直接影响，本书应用 Amos23.0 构建了包含上述构念的结构方程模型(见图 6-1)，整个模型共包括 39 个题项，同时本书待估计的参数有 12 个，远低于该模型的自由度，可以应用 SEM 进行分析。在进行分析之前，检验了模型的拟合度，发现七因子模型的拟合度($\chi^2/df = 2.094$，RMSEA = 0.065，CFI = 0.900，TLI = 0.884，SRMR = 0.057)达到了可以接受的标准。

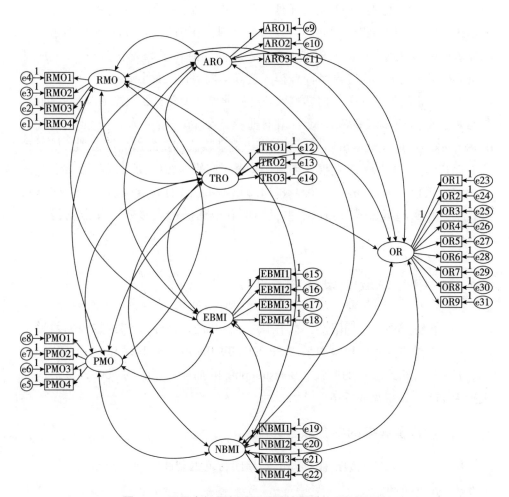

图 6-1 双元市场导向对组织韧性影响机制验证模型

在此基础上，为检验本书提出的资源编排与商业模式创新中介作用的研究假设，构建了双元市场导向影响组织韧性的路径模型，以获得各变量间的直接路径系数，从而为资源编排与商业模式创新中介作用的假设检验奠定基础。结果表明响应型市场导向显著正向影响适应式编排，两者间的路径系数均为0.257；然而虽然响应型市场导向对变革式编排有负向影响，但两者间的关系并不显著；同时，先动型市场导向显著正向影响适应式编排和变革式编排，其与适应式编排、变革式编排的路径系数分别为0.229、0.295，由此可知，先动型市场导向对变革式编排的影响更强烈。适应式编排、变革式编排均显著正向影响组织韧性，它们与组织韧性的路径系数分别为0.212、0.108。响应型市场导向显著正向影响效率型商业模式创新，两者间的路径系数为0.191；而响应型市场导向显著负向影响新颖型商业模式创新，两者间的路径系数为-0.177；同时，先动型市场导向显著正向影响效率型商业模式创新、新颖型商业模式创新，其与效率型商业模式创新、新颖型商业模式创新的路径系数分别为0.202、0.280，这也说明先动型市场导向对新颖型商业模式创新的影响更强烈。效率型商业模式创新、新颖型商业模式创新均显著正向影响组织韧性，它们与组织韧性的路径系数分别为0.107、0.148。由此说明，除响应型市场导向对变革式编排的直接影响不显著以外，本书提出的其他相关的直接效应观点均得到了证实。

二、中介效应假设检验

为避免分层回归的局限性，本书采用多元化的统计分析方法进行假设检验。在进行中介效应的假设检验中采用SPSS25.0中的Process程序，应用Bootstrapping方法进行相关假设的验证。Bootstrapping的抽样数设置为5000，置信区间设置为95%，结果见表6-6。

（一）资源编排的中介效应检验

第一，检验适应式编排在双元市场导向与组织韧性间的中介效应，结果见表6-6。由此可知：

（1）适应式编排在响应型市场导向与组织韧性间的直接效应为0.1431，CI值（LLCI=0.0637，ULCI=0.2225）不含0，表明在加入适应式编排后，响应型市

场导向与组织韧性的影响仍然显著。同时,适应式编排的间接效应值为
0.0591, CI 值(LLCI = 0.0257, ULCI = 0.1030)不含 0, 假设 H2a 得到了支持。
此外,直接效应与间接效应的对比表明适应式编排发挥的是部分中介效应。

(2) 适应式编排在先动型市场导向与组织韧性间的直接效应为 0.3074, CI
值(LLCI = 0.2217, ULCI = 0.3931)不含 0, 表明在加入适应式编排后, 先动型市
场导向对组织韧性的影响仍然显著。同时, 适应式编排的间接效应值为
0.0497, CI 值(LLCI = 0.0170, ULCI = 0.0926)不含 0, 假设 H2c 得到了支持。
此外,直接效应与间接效应的对比表明适应式编排在先动型市场导向与组织韧
性间发挥的是部分中介效应。

第二,检验变革式编排在双元市场导向与组织韧性间的中介效应,结果见
表 6-6。由此可知:

(1) 由于响应型市场导向对变革式编排的直接影响不显著,无法构建变革
式编排在响应型市场导向与组织韧性间的中介模型,由此假设 H2b 不成立。

(2) 变革式编排在先动型市场导向与组织韧性间的直接效应为 0.3255, CI
值(LLCI = 0.2401, ULCI = 0.4108)不含 0, 表明在加入变革式编排后, 先动型市
场导向对组织韧性的影响仍然显著。同时, 变革式编排的间接效应值为
0.0585, CI 值(LLCI = 0.0092, ULCI = 0.1352)不含 0, 假设 H2d 得到了支持。
此外,直接效应与间接效应的对比表明变革式编排在先动型市场导向与组织韧
性间发挥的是部分中介效应。

(二) 商业模式创新的中介效应检验

第一,检验效率型商业模式创新在双元市场导向与组织韧性间的中介效应,
结果如表 6-6 所示。由此可知:

(1) 效率型商业模式创新在响应型市场导向与组织韧性间的直接效应为
0.1744, CI 值(LLCI = 0.0950, ULCI = 0.2539)不含 0, 表明在加入效率型商业模
式创新后, 响应型市场导向与组织韧性的影响仍然显著。同时, 效率型商业模
式创新的间接效应值为 0.0278, CI 值(LLCI = 0.0069, ULCI = 0.0580)不含 0,
假设 H3a 得到了支持。此外,直接效应与间接效应的对比表明,效率型商业模
式创新发挥的是部分中介效应。

(2) 效率型商业模式创新在先动型市场导向与组织韧性间的直接效应为
0.3330, CI 值(LLCI = 0.2463, ULCI = 0.4196)不含 0, 表明在加入效率型商业模

式创新后，先动型市场导向对组织韧性的影响仍然显著。同时，效率型商业模式创新的间接效应值为 0.0241，CI 值（LLCI = 0.0037，ULCI = 0.0529）不含 0，假设 H3c 得到了支持。此外，直接效应与间接效应的对比表明，效率型商业模式创新在先动型市场导向与组织韧性间发挥的是部分中介效应。

第二，检验新颖型商业模式创新在双元市场导向与组织韧性间的中介效应，结果如表 6-6 所示。由此可知：

（1）新颖型商业模式创新在响应型市场导向与组织韧性间的直接效应为 0.2302，CI 值（LLCI = 0.1559，ULCI = 0.3044）不含 0，表明在加入新颖型商业模式创新后，响应型市场导向与组织韧性的影响仍然显著。同时，新颖型商业模式创新的间接效应值为 -0.0279，CI 值（LLCI = -0.0574，ULCI = -0.0028）不含 0，假设 H3b 得到了支持。此外，直接效应与间接效应的对比表明，新颖型商业模式创新发挥的是部分中介效应。

（2）新颖型商业模式创新在先动型市场导向与组织韧性间的直接效应为 0.3231，CI 值（LLCI = 0.2371，ULCI = 0.4092）不含 0，表明在加入新颖型商业模式创新后，先动型市场导向对组织韧性的影响仍然显著。同时，新颖型商业模式创新的间接效应值为 0.0339，CI 值（LLCI = 0.0056，ULCI = 0.0663）不含 0，假设 H3d 得到了支持。此外，直接效应与间接效应的对比表明，新颖型商业模式创新在先动型市场导向与组织韧性间发挥的是部分中介效应。

表 6-6　中介效应检验

		直接效应	间接效应	总效应
RMO→ARO→OR	效应值	0.1431 ***	0.0591 ***	0.2022 ***
	SE	0.0403	0.0197	0.0399
	CI	[0.0637, 0.2225]	[0.0257, 0.1030]	[0.1237, 0.2807]
PMO→ARO→OR	效应值	0.3074 ***	0.0497 ***	0.3571 ***
	SE	0.0435	0.0196	0.0437
	CI	[0.2217, 0.3931]	[0.0170, 0.0926]	[0.2709, 0.4432]
PMO→TRO→OR	效应值	0.3255 ***	0.0585 ***	0.3571 ***
	SE	0.0433	0.0327	0.0437
	CI	[0.2401, 0.4108]	[0.0092, 0.1352]	[0.2709, 0.4432]

续表

		直接效应	间接效应	总效应
RMO→EBMI→OR	效应值	0.1744 ***	0.0278 ***	0.2022 ***
	SE	0.0403	0.0131	0.0399
	CI	[0.0950, 0.2539]	[0.0069, 0.0580]	[0.1237, 0.2807]
PMO→EBMI→OR	效应值	0.3330 ***	0.0241	0.3571 ***
	SE	0.0440	0.0126	0.0437
	CI	[0.2463, 0.4196]	[0.0037, 0.0529]	[0.2709, 0.4432]
RMO→NBMI→OR	效应值	0.2302 ***	-0.0279 ***	0.2022 ***
	SE	0.0377	0.0139	0.0399
	CI	[0.1559, 0.3044]	[-0.0574, -0.0028]	[0.1237, 0.2807]
PMO→NBMI→OR	效应值	0.3231 ***	0.0339 ***	0.3571 ***
	SE	0.0437	0.0155	0.0437
	CI	[0.2371, 0.4092]	[0.0056, 0.0663]	[0.2709, 0.4432]

注：*** 表示 $p<0.001$。

(三) 链式中介效应检验

为验证资源编排、商业模式创新可能的链式中介作用，本书首先应用回归分析方法，检验了资源编排对商业模式创新的影响。结果表明，资源编排显著正向影响商业模式创新($\beta=0.170$, $p<0.01$)，且解释了商业模式创新3.1%的方差($\Delta R^2=0.031$)，因此假设 H5a 得到支持。

在此基础上，应用 Bootstrapping 方法验证两者可能的链式中介作用，结果表明资源编排的间接效应值为 0.0630，CI 值(LLCI = 0.0201，ULCI = 0.1236)不含 0；商业模式创新的间接效应值为 0.0392，CI 值(LLCI = 0.0094，ULCI = 0.0736)不含 0；资源编排、商业模式创新在双元市场导向与组织韧性间的间接效应值为 0.0079，CI 值(LLCI = 0.0001，ULCI = 0.0211)不含 0，说明两者能够在双元市场导向与组织韧性间发挥链式的协同效应，由此假设 H5b 成立。

三、调节效应假设检验

本书采用多层线性回归方法检验管理解释的调节效应。为减少共线性对结果的影响，在进行回归之前对涉及的变量均进行了标准化处理。

第一，检验机会解释的调节效应，结果如表 6-7 所示。由表 6-7 可知：

（1）机会解释在响应型市场导向与组织韧性间的调节效应。响应型市场导向与机会解释平方的交互项显著负向影响组织韧性（$\beta = -0.085$，$p < 0.001$），说明随着机会解释程度的不断提升，起初会增强响应型市场导向对组织韧性的积极影响，之后这种积极效应会削弱，假设 H4a 得以证实。

（2）机会解释在先动型市场导向与组织韧性间的调节效应。先动型市场导向与机会解释平方的交互项对组织韧性显著负向影响组织韧性（$\beta = -0.058$，$p < 0.05$），说明机会解释在先动型市场导向与组织韧性间也起倒 U 型的调节效应，假设 H4b 成立。同时，本书利用简单斜率原理绘制了机会解释的调节效应图。从图 6-2 可以看出，随着机会解释程度的增强，机会解释对响应型市场导向、先动型市场导向与组织韧性的影响呈先增加后减弱的特征，即机会解释在上述关系中发挥了倒 U 型调节作用，假设 H4a、假设 H4b 进一步得到证实。

表 6-7　机会解释调节效应检验结果

	组织韧性			
	M1	M2	M3	M4
控制变量				
性别	−0.015 （−0.268）	−0.025 （−0.452）	0.029 （0.536）	0.037 （0.685）
年龄	−0.007 （−0.165）	−0.010 （−0.230）	−0.003 （−0.079）	0.004 （0.109）
学历	−0.043 （−1.065）	−0.048 （−1.228）	−0.025 （−0.641）	−0.026 （−0.673）
是否为 家族企业	0.041 （0.645）	0.041 （0.655）	0.025 （0.409）	0.033 （0.531）

续表

	组织韧性			
	M1	M2	M3	M4
行业	−0.035 (−1.838)	−0.038 (−2.064)	−0.031 (−1.735)	−0.029 (−1.621)
性质	0.029 (0.649)	−0.004 (−0.086)	0.024 (0.551)	0.035 (0.827)
成立时间	0.030 (1.105)	0.033 (1.256)	0.025 (0.946)	0.024 (0.926)
规模	0.037 (1.633)	0.034 (1.535)	0.040 (1.833)	0.044 (2.037)
自变量				
RMO	0.052 (1.776)	0.109 ** (3.179)		
PMO			0.136 *** (4.884)	0.211 *** (4.851)
调节变量				
OI	0.351 *** (10.958)	0.393 *** (11.730)	0.313 *** (10.034)	0.334 *** (10.280)
OI2	0.049 *** (2.500)	−0.018 (−0.691)	0.045 * (2.378)	0.044 * (2.291)
交互项				
RMO×OI		0.062 (1.836)		
PMO×OI				0.021 (0.887)
RMO×OI2		−0.085 *** (−4.032)		

续表

	组织韧性			
	M1	M2	M3	M4
PMO×OI2				−0.058* (−2.160)
R²	0.418	0.460	0.462	0.475
ΔR²	0.296	0.042	0.227	0.012
F	16.187***	16.091***	19.379***	17.102***
ΔF	62.955***	9.478***	52.235***	2.923*

注：* 表示 $p<0.05$、** 表示 $p<0.01$、*** 表示 $p<0.001$。

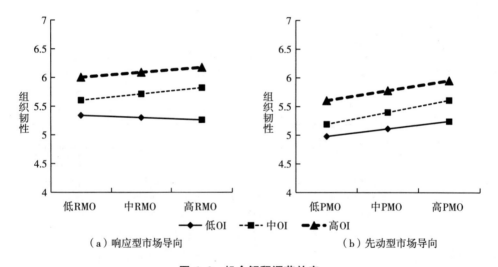

（a）响应型市场导向   （b）先动型市场导向

图 6-2 机会解释调节效应

第二，检验威胁解释的调节效应，结果如表 6-8 所示。由表 6-8 可知：

（1）威胁解释在响应型市场导向与组织韧性间的调节效应。响应型市场导向与威胁解释平方的交互项无法对组织韧性产生显著影响，由此假设 H4c 不成立。

（2）威胁解释在先动型市场导向与组织韧性间的调节效应。先动型市场导向与威胁解释的交互项显著负向影响组织韧性（$\beta=-0.102$，$p<0.001$），说明威

胁解释在先动型市场导向与组织韧性间起到负向调节效应，假设 H4d 成立。进一步地，本书绘制了威胁解释在先动型市场导向与组织韧性间的负向调节效应图，由图 6-3 可知，在低威胁解释下，先动型市场导向与组织韧性的关系更显著，假设 H4d 进一步得到证实。

表 6-8　威胁解释调节效应检验结果

	组织韧性			
	M1	M2	M3	M4
控制变量				
性别	-0.008 (-0.133)	-0.029 (-0.510)	0.078 (1.363)	0.079 (1.468)
年龄	-0.039 (-0.902)	-0.044 (-1.040)	-0.026 (-0.612)	-0.026 (-0.631)
学历	-0.087 (-2.094)	-0.095 (-2.348)	-0.048 (-1.157)	-0.051 (-1.313)
是否为家族企业	0.077 (1.156)	0.096 (1.485)	0.056 (0.855)	0.059 (0.965)
行业	-0.042 (-2.171)	-0.044 (-2.351)	-0.031 (-1.620)	-0.030 (-1.652)
性质	0.004 (0.085)	0.010 (0.221)	0.003 (0.066)	0.001 (0.034)
成立时间	0.047 (1.686)	0.049 (1.804)	0.030 (1.096)	0.032 (1.251)
规模	0.035 (1.502)	0.032 (1.432)	0.034 (1.491)	0.040 (1.826)
自变量				
RMO	0.089** (3.006)	0.061 (1.942)		
PMO			0.187*** (6.647)	0.216*** (7.968)

127

续表

	组织韧性			
	M1	M2	M3	M4
调节变量				
TI	−0.359*** (−9.489)	−0.364*** (−9.622)	−0.225*** (−8.028)	−0.235*** (−8.854)
TI2	0.059*** (4.084)	0.072*** (3.593)		
交互项				
RMO×TI		−0.145*** (−3.942)		
PMO×TI				−0.102*** (−5.556)
RMO×TI2		0.018 (1.305)		
R^2	0.375	0.419	0.393	0.460
ΔR^2	0.253	0.044	0.157	0.067
F	13.539***	13.654***	16.112***	19.211***
ΔF	50.174***	9.301***	64.448**	30.874***

注：** 表示 $p<0.01$、*** 表示 $p<0.001$。

第三，检验矛盾解释的调节效应结果如表 6-9 所示。由表 6-9 可知：

（1）矛盾解释在响应型市场导向与组织韧性间的调节效应。响应型市场导向与矛盾解释的交互项显著正向影响组织韧性（$\beta=0.083$，$p<0.01$），说明矛盾解释在响应型市场导向与组织韧性间发挥正向调节作用，假设 H4e 得到证实。进一步地，本书绘制了矛盾解释的调节效应图，从图 6-4(a)可以看出，高矛盾解释下，响应型市场导向与组织韧性的关系更显著，假设 H4e 进一步得到证实。

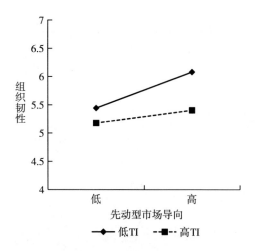

图 6-3 威胁解释调节效应

表 6-9 矛盾解释调节效应检验结果

	组织韧性			
	M1	M2	M3	M4
控制变量				
性别	−0.004 (−0.074)	−0.018 (−0.332)	0.045 (0.858)	0.038 (0.763)
年龄	−0.036 (−0.898)	−0.039 (−0.980)	−0.028 (−0.719)	−0.018 (−0.470)
学历	−0.055 (−1.420)	−0.060 (−1.574)	−0.033 (−0.886)	−0.041 (−1.143)
是否为 家族企业	0.042 (0.681)	0.055 (0.904)	0.023 (0.385)	0.030 (0.524)
行业	−0.042 (−2.350)	−0.044 (−2.470)	−0.037 (−2.134)	−0.037 (−2.253)
性质	0.028 (0.657)	0.025 (0.604)	0.021 (0.505)	0.024 (0.615)
成立时间	0.038 (1.466)	0.037 (1.434)	0.029 (1.179)	0.029 (1.203)

续表

	组织韧性			
	M1	M2	M3	M4
规模	0.035 (1.625)	0.031 (1.456)	0.038 (1.826)	0.043 * (2.145)
自变量				
RMO	0.073 ** (2.702)	0.062 * (2.334)		
PMO			0.138 *** (5.233)	0.157 *** (6.169)
调节变量				
AI	0.334 *** (12.522)	0.331 *** (12.661)	0.304 *** (11.493)	0.311 *** (12.245)
交互项				
RMO×AI		0.083 ** (3.481)		
PMO×AI				0.089 *** (4.924)
R^2	0.461	0.487	0.501	0.545
ΔR^2	0.339	0.025	0.265	0.044
F	21.339 ***	21.367 ***	24.963 ***	27.016 ***
ΔF	156.798 **	12.120 ***	132.096 ***	24.248 **

注：* 表示 $p<0.05$、** 表示 $p<0.01$、*** 表示 $p<0.001$。

（2）矛盾解释在先动型市场导向与组织韧性间的调节效应。先动型市场导向与矛盾解释的交互项对组织韧性显著正向影响组织韧性（$\beta = 0.089$，$p < 0.001$），说明矛盾解释在先动型市场导向与组织韧性间发挥正向调节作用，假设 H4f 得以证实。进一步地，本书绘制了矛盾解释的调节效应图，从图 6-4(b) 可以看出，高矛盾解释下，先动型市场导向与组织韧性的关系更显著，假设 H4f 进一步得到证实。

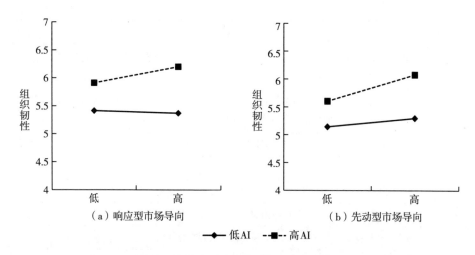

图 6-4　矛盾解释在响应型市场导向与组织韧性间的调节效应

四、假设检验结果

根据上述实证分析的结果，本书从直接、中介和调节效应三个方面，汇总了 H1~H5 的 20 个假设检验结果(见表 6-10)。由表 6-10 可以看出，首先，除了响应型与先动型市场导向共存对组织韧性的积极影响不显著以及响应型市场导向对变革式编排的直接影响不显著，其他的直接效应均显著；其次，除变革式编排无法在响应型市场导向与组织韧性间发挥中介效应以外，其他每一维度的资源编排、商业模式创新均能够在双元市场导向与组织韧性间承担起桥梁作用；最后，机会解释在响应型、先动型市场导向与组织韧性间均有倒 U 型调节作用、威胁解释仅能负向调解先动型市场导向与组织韧性的关系，矛盾解释能够正向调节双元市场导向与组织韧性的关系。

表 6-10　假设检验结果汇总

编号	假设内容	结果
直接效应检验结果		
H1a	响应型市场导向对组织韧性具有显著正向影响	支持
H1b	先动型市场导向与组织韧性具有显著正向影响	支持

续表

编号	假设内容	结果
H1c	响应型市场导向与先动型市场导向的共存正向影响组织韧性，即响应型市场导向与先动型市场导向在提升组织韧性水平中存在互补效应	不支持
H1d	响应型市场导向与先动型市场导向的共存负向影响组织韧性，即响应型市场导向与先动型市场导向在提升组织韧性水平中存在替代效应	支持
H5a	资源编排对商业模式创新具有显著正向影响	支持
中介效应检验结果		
H2a	适应式编排在响应型市场导向与组织韧性间起到中介作用	支持
H2b	变革式编排在响应型市场导向与组织韧性间起到中介作用	不支持
H2c	适应式编排在先动型市场导向与组织韧性间起到中介作用	支持
H2d	变革式编排在先动型市场导向与组织韧性间起到中介作用	支持
H3a	效率型商业模式创新在响应型市场导向与组织韧性间起到中介作用	支持
H3b	新颖型商业模式创新在响应型市场导向与组织韧性间起到中介作用	支持
H3c	效率型商业模式创新在先动型市场导向与组织韧性间起到中介作用	支持
H3d	新颖型商业模式创新在先动型市场导向与组织韧性间起到中介作用	支持
H5b	资源编排与商业模式创新在双元市场导向与组织韧性间发挥链式中介作用	支持
调节效应检验结果		
H4a	机会解释倒 U 型调节了响应型市场导向与组织韧性的关系	支持
H4b	机会解释倒 U 型调节了先动型市场导向与组织韧性的关系	支持
H4c	威胁解释 U 型调节了响应型市场导向与组织韧性的关系	不支持
H4d	威胁解释负向调节了先动型市场导向与组织韧性的关系	支持
H4e	矛盾解释正向调节了响应型市场导向与组织韧性的关系	支持
H4f	矛盾解释正向调节了先动型市场导向与组织韧性的关系	支持

第四节　本章小结

本章的核心内容是介绍实证研究设计过程，并在此基础上，运用 SPSS25.0、

Amos23.0 软件，采用多层线性回归、结构方程模型以及 Bootstrapping 等方法对研究假设展开实证检验。具体而言包括以下两个内容：

1. 实证研究设计

第一，指出本书使用的所有构念的测量量表以及所有的控制变量。

第二，确定问卷设计的基本原则，并在预调研的基础上设计了正式调研问卷。

第三，说明正式问卷调研的样本选择，包括调研的对象、样本数量。

第四，介绍正式调研的数据收集过程。

2. 实证分析与假设检验

第一，对大样本数据的质量进行了分析，包括正态性检验、共同方法偏差的检验以及信度、效度检验。

第二，对样本进行了描述性统计分析以从总体上把握样本特征，同时对所有变量进行了相关分析，从而为假设进行初步的验证。

第三，采用多层线性回归方法对本书提出的主效应进行检验，之后运用 SEM 对除主效应之外的其他直接效应，包括双元市场导向与资源编排和商业模式创新的关系，资源编排、商业模式创新与组织韧性的关系，以及资源编排与商业模式创新的关系进行了检验，为资源编排与商业模式创新中介作用的假设检验奠定基础；然后运用 Bootstrapping 方法对提出的所有中介效应，包括资源编排（适应式编排与变革式编排）、商业模式创新（效率型商业模式创新和先动型商业模式创新）各自单独的中介作用以及两者的链式中介效应进行了检验；最后应用多层线性回归验证了管理解释（包括机会解释、威胁解释和矛盾解释）在双元市场导向与组织韧性间差异化的调节效应。

第四，汇总假设检验的结果（见表 6-10）。

第七章
研究结论、管理启示与展望

第一节　研究结论

本书以创业企业作为研究对象，借鉴组织双元理论、组织适应理论与管理认知理论，提出了资源编排的两个维度，遵循"导向-行动-韧性"的逻辑框架，构建了双元市场导向到资源编排与商业模式创新再到组织韧性的理论模型，并将管理解释作为权变因素纳入到模型中做了深入讨论。通过 260 份创业企业的样本数据，对提出的研究模型进行了实证检验，验证了双元市场导向对组织韧性的影响机制。并在此基础上，基于路径构造理论与 fsQCA 分析方法，探索了 4 个变量的 9 个自变量，即 9 个前因条件引致创业企业组织韧性实现的多条路径。具体而言，本书共得出了以下五个研究结论：

第一，基于组织双元理论的双元市场导向（响应型与先动型市场导向）均能够显著地促进创业企业组织韧性水平提升。其中，先动型市场导向对未来市场的不断挖掘，使其对组织韧性的促进效用更为显著。但由于两者存在潜在的逻辑悖论，加之创业企业的固有弱势（例如经营不成熟、资源短缺等），当创业企业在某一时期兼顾响应型与先动型市场导向时，反而对组织韧性的提升会产生消极影响。反之，当创业企业增强对双元市场导向的管理，使之在某一时期有所侧重，即在某一时期或者采用较强的响应型市场导向，或者应用较强的先动型市场导向时，创业企业高水平组织韧性的构建更有可能实现。因此，本书研究发现，单独的双元市场导向对组织韧性的积极影响，以及两者在促进组织韧性水平提升上的替代作用。

第二，基于理论分析，资源编排可以被划分为适应式编排与变革式编排两个维度。在本书第二章对资源编排既有文献综述与变量界定中，结合组织双元理论，打破既有从过程视角划分资源编排维度的观点，从适应与变革的两个视角出发，认为资源编排应当包含适应式与变革式编排两个方面，且每一维度均涵盖了资源构建、束集与转化应用(吸收、整合与转化应用)等子过程。同时，本书第四章对资源编排两个维度问卷回收数据的信效度检验结果也证实了问卷的有效性，即分别从三个过程角度测度适应式编排与变革式编排符合信效度的要求，具有合理性。本书提出的变革式编排和适应式编排两类资源编排方式/策略，不仅拓展了现有资源编排的维度划分，而且为创业企业追赶超越(变革式资源编排)与传统能力重构(适应式资源编排)的未来研究进展提供了可能的对话机制。

第三，基于组织适应理论，本书构建了"导向-行动-韧性"的逻辑框架，从资源与创新行动的视角考察了资源编排、商业模式创新在双元市场导向与组织韧性间的传导作用。一方面，资源行动要求视角，在对资源编排进行合理维度划分的基础上，对研究结合组织适应理论与资源编排理论提出的资源编排在双元市场导向与组织韧性间的中介效应进行了实证检验，证实了较强的适应式与变革式资源编排均能够对组织韧性产生正向影响。其中，适应式编排活动能够作为支撑起双元市场导向与创业企业组织韧性构建间的重要桥梁之一，而变革式编排无法在响应型市场导向与组织韧性间起到链接作用。这是因为响应型市场导向对当前市场信息的关注使其效应的发挥主要通过追随性行动，在这种导向的逻辑主导下，创业企业主要借助适应式编排影响组织内部资源配置，从而响应外部情境，进而对组织韧性产生影响。因此，在响应型市场导向的逻辑主导下，变革式编排无法受到关注，这使响应型市场导向无法对变革式编排产生显著影响。另一方面，创新行动要求视角，两种不同类型的商业模式创新均能够对组织韧性构建起到促进作用，而且两种类型的商业模式创新也均能够在双元市场导向与组织韧性间发挥中介作用。但需要说明的是，新颖型商业模式创新在响应型市场导向与组织韧性间的间接效应为负，这提示那些秉持响应型市场导向的创业企业需谨慎实施新颖型商业模式创新。总的来说，我们从行动视角厘清了创业企业组织韧性构建的过程机制，从"导向-行动"框架打开了创业企业组织韧性构建的暗箱。需要特别说明的是，本书对资源行动与创新行动的关系做了进一步推导，提出并实证证实了资源编排行动对商业模式创新行动的促进作用，以及两者在双元市场导向与组织韧性间的链式中介效应。

第四，基于管理认知理论，本书将管理解释引入双元市场导向→组织韧性的主效应模型中，考察其在创业企业组织韧性构建过程中的权变影响，发现了创业者不同的认知与双元市场导向交互对组织韧性的差异化影响。其中，适度水平的机会解释与双元市场导向的结合对创业企业组织韧性的构建具有协同倍增效应，即机会解释倒 U 型调节了双元市场导向与组织韧性的关系；威胁解释的权变影响仅存在于先动型市场导向与组织韧性的关系中，且与先动型市场导向的结合对创业企业组织韧性构建有替代效应，即威胁解释负向调节了先动型市场导向与组织韧性的关系。此外，威胁解释在响应型市场导向与组织韧性间的 U 型调节作用不显著，但从实证检验结果来看，尽管威胁解释的平方与响应型市场导向的交互项对组织韧性的影响不显著，但结果仍然为正，这说明高水平的威胁解释能够在响应型市场导向与组织韧性间表现出促进效应，因此本书认为，可能是样本数量少或样本本身的局限性（地区、行业限制等）等导致了假设检验结果不显著，未来可拓展数据收集范围与行业展开进一步检验；矛盾解释则与双元市场导向的结合对创业企业组织韧性的构建具有协同效应，即矛盾解释正向调节了双元市场导向与组织韧性的关系。

第五，基于路径构造理论，本书引入 fsQCA 方法对响应型市场导向、先动型市场导向、适应式编排、变革式编排、效率型商业模式创新、新颖型商业模式创新、机会解释、威胁解释和矛盾解释 9 个前因条件共同引致创业企业组织韧性实现的构型进行了分析，发现了 8 条引发高水平组织韧性的构型与 4 条导致低水平组织韧性的组态。其中，高水平组织韧性的前因构型主要存在 3 种实现模式，分别为"导向-编排"匹配驱动型组织韧性实现模式、"导向-创新"匹配驱动型组织韧性实现模式以及"集思广益"驱动型组织韧性实现模式。由此，本书证实了 9 个前因条件对组织韧性实现的"殊途同归"效应。

进一步地，从组织韧性激活→响应→培育的过程视角，结合回归分析结果与组态分析结果，对本书关注的所有变量关系做汇总报告。无论是在回归分析还是组态分析中，我们主要遵循"导向-行动-韧性"的逻辑框架。从过程视角出发，组织在面临 VUCA、情境变化或危机时，主要存在三个阶段的应对进程：

激活阶段(双元市场导向)→响应阶段(行动：资源编排、商业模式创新)→培育阶段(组织韧性)。

第一，激活阶段。双元市场导向对应着创业企业的主动激活阶段，即最大限度地获取市场有关信息，以为后续的响应行动奠定基础(例如行动战略、行动方向、行动持续时间等)。以危机情形下的创业企业为例，在危机情境下，双元市场导向带给组织的激活过程是带有严重的危机信号的，以促使整个创业企业为组织存亡而奋斗。双元市场导向给组织传递的危机信息，会在组织内部引起一系列应对危机、维持生存的反应。例如，变革组织身份(有应对危机能力的人被破格提拔上来)、增进领导与员工间的共情以增强组织凝聚力，并提升员工信心、激励一切有助于维稳的行动和反应。

第二，响应阶段。在进入响应阶段后，创业企业此时聚焦在各种可能的响应型重构行动上，在资源上的编排行动与商业模式上的创新行动分别对应着创业企业寻求突破危机的资源配置与制度安排方式和手段，这些活动可以是临时性、非常规的，也可以来自组织日常行动惯性的延伸。资源上的重新编排为创业企业适应危机产生的变化提供了资源上的支持，一方面通过寻求内部资源的多样化用途，提升内部资源的可复用性；另一方面积极关注并寻求外部资源协助，以增强资源间的协同性，从而削弱危机事件对企业原有资源配置方案效能的干扰。商业模式上的创新行动为创业企业适应危机变化提供了一定的制度保障，无论是效率上的改进还是新颖性上的突破，商业模式创新在组织内部确定的新的体系，极大地减少了既有体系与新情境间脱节的问题。例如，立足当前的数字化情境，企业可通过增添线上销售渠道，来改善原有的商业模式，也可以借助线上渠道，从运营、培训与团队建设等方面创建新的商业模式，从而谋求生存。

第三，培育阶段。经过激活与响应性重构，创业企业培育起了组织韧性。需要说明的是，创业者的认知，即管理解释，在整个组织韧性培育的过程都发挥着重要作用，从激活阶段双元市场导向为企业输入信息开始，到组织韧性培育完成的整个过程，创业者对市场信息的解释都能够决定组织采用响应性行动的方向与力度。据此，本书总结全文，构建了创业企业组织韧性培育逻辑图，如图7-1所示。

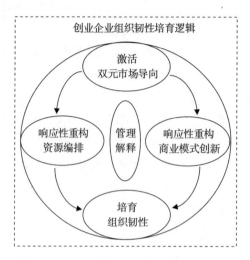

图 7-1　创业企业组织韧性培育逻辑

第二节　管理启示

创业有助于促进社会进步、推动所在行业发展、增加创新与工作岗位、调动社会活力等，是社会的新鲜血液，是国家的未来。但与创业企业重要性形成鲜明对比的是其高失败率问题，而组织韧性作为表征创业企业可持续性的关键变量，对创业企业生存与发展意义重大。据此，本书以组织韧性作为结果变量，以"导向-行动-韧性"为逻辑框架，考察了创业企业如何构建组织韧性，以及创业企业组织韧性实现的差异化路径。综上所述，本书从创业企业以及创业企业管理者视角提出了以下与组织韧性培育相关的管理启示。

一、双元市场导向视角下的管理启示

（一）关注市场需求与变化

无论是响应型市场导向还是先动型市场导向，都需要密切关注市场趋势和客户需求的变化。在竞争激烈的市场环境中，对市场变化的快速响应和准确预测是提升组织韧性的关键；关注市场需求与变化是提升组织韧性的关键。无论是响应型市场导向还是先动型市场导向，都需要密切关注市场趋势和客户需求的变化。这是因为市场需求和客户需求的快速变化使企业必须不断调整自身的战略和业务模式，以适应市场的变化并满足客户的需求。对于响应型市场导向的企业来说，关注市场需求和变化意味着要及时了解客户反馈和需求，以便能够迅速调整产品或服务，并满足客户的需求。这种响应速度和灵活性是组织韧性的关键因素之一。如果企业不能及时了解市场需求和变化，就可能导致产品或服务不符合客户的需求，从而造成销售下滑和市场份额的损失。对于先动型市场导向的企业来说，关注市场需求和变化则意味着要具备敏锐的市场洞察能力和预测能力。先动型市场导向的企业通常需要提前于竞争对手发现市场机会并采取行动，因此需要对市场趋势和客户需求进行准确的预测。这种预测能力可以帮助企业提前做好准备，并制定出相应的战略和计划，以便在市场发生变化时能够迅速响应并抓住机会。

在关注市场需求和变化方面，企业可以通过多种途径来获取信息。首先，与客户保持密切联系并了解他们的需求和反馈是至关重要的。通过与客户进行沟通、调查和观察，企业可以获取关于客户需求和市场趋势的第一手资料。其次，通过市场研究和数据分析也可以获取关于市场趋势和竞争对手情况的信息。此外，企业还可以通过建立敏捷的信息系统和技术平台来提高对市场变化的响应速度和准确性。

（二）培养敏锐的洞察能力

先动型市场导向要求企业具备敏锐的市场洞察能力，能够发现并抓住潜在的市场机会。创业企业需要培养和提升员工的观察力、分析力和预测能力，以便在市场竞争中快速做出反应。培养敏锐的洞察能力是先动型市场导向的核心要求，也是创业企业在市场竞争中取得成功的关键因素之一。敏锐的市场洞察能力是指企业能够及时、准确地发现市场机会和趋势，并能够对其做出快速反应。这种能力可以帮助企业抢占先机，抓住市场机遇，从而在竞争激烈的市场中脱颖而出。为了培养和提升员工的观察力、分析力和预测能力，创业企业可以采取以下五项措施：

（1）培养员工的观察能力。员工需要具备敏锐的观察能力，能够及时发现

139

市场变化和趋势。企业可以通过培训和实践，提高员工对市场信息的敏感度和准确性，帮助他们更好地观察和理解市场。

（2）提升员工分析能力。分析能力是指能够对市场信息进行深入分析和解读，识别出其中的机会和挑战。企业可以提供数据分析培训，帮助员工掌握数据分析方法和工具，提高他们的分析能力和对市场的认识。

（3）培养员工的预测能力。预测能力是指能够对市场趋势进行科学预测，以便企业能够提前做出反应。企业可以通过市场研究、数据分析等方式，培养员工的预测能力，提高他们对市场的预见性和洞察力。

（4）建立信息共享机制。企业可以建立信息共享机制，鼓励员工之间的信息交流和共享。通过定期召开业务会议、建立内部沟通平台等方式，促进员工之间的信息交流和分享，以便更好地发现市场机会和趋势。

（5）激励创新和冒险精神。创业企业应该鼓励员工敢于尝试和创新，激发他们的冒险精神。通过设立创新奖励机制、提供创业培训等方式，激励员工提出新的想法和方案，以促进企业的创新和发展。

（三）建立快速响应机制是提升组织韧性的关键之一

无论是响应型市场导向还是先动型市场导向，都需要建立快速响应机制以应对市场变化。快速响应机制的建立可以帮助创业企业在市场竞争中迅速做出反应，优化内部流程，提高决策效率，确保对市场变化的快速响应和执行能力。建立快速响应机制的关键步骤主要包括以下六个方面：

（1）明确市场变化和需求。企业需要明确市场变化和需求，以便能够迅速做出反应。这需要企业密切关注市场趋势和客户需求，及时获取市场信息并进行分析。通过对市场变化和需求的深入了解，企业可以制定相应的快速响应策略。

（2）优化内部流程。为了提高决策效率和响应速度，创业企业需要优化内部流程。优化内部流程包括简化决策层级、减少审批环节、加快信息传递等。通过优化内部流程，企业可以减少内部沟通的时间和成本，提高决策效率和执行能力。

（3）提高决策效率。决策效率是快速响应机制的关键因素之一。创业企业需要建立高效的决策机制，确保在市场变化时能够迅速做出反应。提高决策效率需要企业领导层具备敏锐的市场洞察能力和果断的决策能力，同时还需要建立科学的风险评估机制，确保决策的正确性和可行性。

（4）建立应急预案。为了应对突发情况，创业企业需要建立应急预案。应急预案包括应对市场风险、供应链风险、财务风险等各方面的预案，以便在紧急情况下能够迅速采取措施，减少损失。

（5）加强执行力建设。执行力是快速响应机制的另一个关键因素。创业企业需要加强执行力建设，确保快速响应机制的有效实施。加强执行力建设包括建立明确的责任分工、强化目标考核机制、激励员工积极参与等措施。

（6）持续改进和学习。快速响应机制不是一蹴而就的，它需要企业在实践中不断改进和学习。创业企业需要关注市场反馈，及时调整和优化快速响应机制，不断提高组织的适应性和韧性。

（四）注重团队合作与沟通

组织韧性的提升需要企业内部各部门之间的密切合作与沟通。创业企业应该建立良好的团队合作氛围，鼓励员工之间的信息共享、协作与互动，提高整体团队的响应速度和适应能力。可以采取以下六项措施来增强团队合作与沟通的水平：

（1）建立跨部门合作机制。创业企业需要建立跨部门合作机制，促进不同部门之间的交流与合作。通过跨部门合作机制，企业可以打破部门壁垒，加强部门之间的信息共享和协作。这有助于提高整体团队的响应速度和适应能力。

（2）鼓励员工之间的信息共享。信息共享是团队合作的关键因素之一。创业企业应该鼓励员工之间的信息共享，包括市场信息、技术信息、管理信息等。通过信息共享，员工可以更好地了解企业运营状况和市场变化，从而更好地协作和配合。

（3）促进员工之间的协作与互动。协作与互动是团队合作的核心。创业企业应该通过多种方式促进员工之间的协作与互动，例如定期举行团队会议、建立内部沟通平台、设立团队合作奖励机制等。这有助于提高员工的团队协作意识和能力，促进整体团队的合作与沟通。

（4）培养员工的沟通能力。良好的沟通能力是团队合作的基础。创业企业应该注重培养员工的沟通能力，包括口头表达、书面表达和沟通技巧等方面。通过培训和实践，提高员工的沟通能力，帮助他们更好地与团队其他成员进行交流和协作。

（5）建立共同的目标和价值观。共同的目标和价值观是团队合作的基石。创业企业应该建立明确的目标和价值观，并将其传达给员工。通过明确的目标和价值观，企业可以凝聚团队力量，激发员工的积极性和创造力，从而提升整体团队的响应速度和适应能力。

（6）激励团队合作与创新。创业企业应该激励团队合作与创新，鼓励员工提出新的想法和建议，促进团队的创新和发展。通过设立团队合作奖励机制、提供创新培训等方式，激励员工积极参与团队合作和创新活动。

此外，创业企业可鼓励并重视管理双元市场导向以推动组织韧性培育。伴随环境 VUCA 程度的不断提升，双元市场导向几乎成为每一创业企业战略行动的基本原则，无论是响应型市场导向还是先动型市场导向，都受到了学界与商界的推崇。本书肯定了独立的双元市场导向对组织韧性的积极影响，启示创业企业需要鼓励并加强对双元市场导向的关注与理念的培育，因为企业无论是通过长期践行响应型市场导向还是先动型市场导向，都能够积累预测、响应并适应负面环境的能力，从而实现"未雨绸缪"，进而对构建组织韧性起到事半功倍的效果。然而，本书却发现，响应型市场导向与先动型市场导向同时存在对组织韧性构建产生替代效应，这意味着响应型市场导向与先动型市场导向存在的悖论无法在创业企业内部形成一种常规的行为惯例，难以发挥"一箭双雕"的效果，反而会对组织韧性的构建产生消极影响，启示创业企业需要高度重视对双元市场导向的管理与安排，使之在某一时期有所侧重。

二、资源编排视角下的管理启示

资源编排视角下创业企业有以下五项促进组织韧性水平提升的措施：

（1）创业企业应具备灵活调配资源的能力，根据市场需求和变化，及时调整人力资源、财务资源、技术资源等，以满足企业的实际需求。通过灵活调配资源，企业可以在面对市场变化时迅速做出反应，提升组织韧性。在灵活调配资源以提升组织韧性的过程中应注意以下六点：①灵活调配人力资源。创业企业需要具备灵活调配人力资源的能力。当市场需求发生变化时，企业需要及时调整人员配置，将合适的人安排到合适的岗位上。②灵活调配财务资源。创业企业需要具备灵活调配财务资源的能力。当市场出现机遇或挑战时，企业需要及时调整资金投入、调整预算和财务管理方式等。③灵活调配技术资源。创业企业需要具备灵活调配技术资源的能力。当市场需求发生变化或技术进步时，企业需要及时调整技术资源配置，将合适的技术应用到产品或服务中。④建立资源储备机制。创业企业需要建立资源储备机制，以备不时之需。通过建立资源储备机制，企业可以在市场变化或不确定性情况下，及时获取所需的资源，以应对各种挑战和机遇。⑤优化资源配置方式。创业企业需要不断优化资源配置方式，以更有效地利用资源。⑥建立快速响应机制。创业企业需要建立快速响应机制，以便在市场变化时能够迅速做出反应。

（2）优化资源配置是创业企业提升组织韧性的重要手段之一。通过合理地分配资源，企业可以确保在不同部门之间的需求得到平衡和协调，打破部门壁垒，加强信息共享和协作，从而提高整体团队的响应速度和适应能力。优化资源配置以提升组织韧性可以考虑以下举措：①创业企业需要制订合理的资源分配计划，根据各部门的需求和实际情况，将资源进行合理的分配。企业应避免资源分配的过度集中或不足，确保各部门之间的资源需求得到平衡。②优化资源配置需要打破部门之间的壁垒。不同部门之间可能存在相互竞争或互相制约的情况，这会影响整体团队的响应速度和适应能力。通过优化资源配置，企业可以加强各部门之间的协作和沟通，消除部门之间的矛盾和障碍。③优化资源配置需要加强各部门之间的信息共享。通过建立有效的信息交流渠道，企业可以确保各部门之间的信息流通畅通，避免信息孤岛和重复劳动。信息共享可以提高企业决策的准确性和效率，从而提升整体团队的响应速度和适应能力。④优化资源配置需要促进各部门之间的协作与互动。不同部门之间的合作可以带来新的创意和思路，同时也可以提高企业整体的工作效率。通过优化资源配置，企业可以鼓励员工之间的跨部门合作，促进知识的共享和技术的交流。⑤优化资源配置是一个持续不断的过程。随着市场环境的变化和企业发展的需要，企业需要不断地对资源配置进行调整和优化。通过动态调整资源配置，企业可以保持组织韧性和适应能力，应对市场的变化和不确定性。⑥为了鼓励员工积极参与跨部门合作和资源共享，企业需要建立相应的激励机制。激励机制可以包括奖励制度、晋升机制、培训机会等，以激发员工的积极性和创造力，推动企业整体的发展和进步。⑦为了确保优化资源配置的计划得以有效实施，企业需要建立相应的监控与评估机制。通过定期对资源配置的效果进行评估和反馈，企业可以及时发现问题并进行调整，不断完善资源配置的过程。

（3）有效整合内外部资源是创业企业提升组织韧性和竞争力的关键策略之一。通过合理调配内部资源，企业可以更好地发挥自身优势，提高运营效率和创新能力。同时，通过有效整合外部资源，企业可以获取更多的发展机会和支持，拓展业务范围和市场影响力。创业企业可以从内部资源整合以及外部资源整合两个视角展开，一方面，内部资源整合包括对人力资源、财务资源以及技术资源的整合。创业企业需要充分发挥自身的人力资源优势，通过合理调配人才，提高员工的工作积极性和创新能力。企业可以建立人才库和培训机制，提升员工的技能和知识水平，同时鼓励员工参与企业内部创新和改进活动；创业企业需要通过对财务资源的合理调配，实现资金的有效利用和最大化效益。企业可以建立财务预算和成本控制机制，优化资金管理流程，提高资金使用效率，降低成本消耗；创业企业需要通过对技术资源的有效整合，提高自身的研发能力和技术水平。企业可以建立技术研发团队和合作机制，加强与高校、科研机构等的合作与交流，获取技术支持和创新成果。另一方面，外部资源整合包括对供应链资源、客户资源、技术资源、政治资源以及产业资源的整合。创业企业需要与供应商建立紧密的合作关系，确保原材料和零部件的稳定供应和质量保障。通过与供应商建立长期战略合作关系，企业可以获得更优惠的价格、更快的交货周期和更优质的服务。此外，企业还可以与供应商共同研发新产品和新技术，提高自身的创新能力和市场竞争力。创业企业需要积极拓展客户资源，与客户建立良好的合作关系，通过了解客户需求和市场趋势，企业可以为客户提供更优质的产品和服务，提高客户满意度和忠诚度。同时，企业还可以从客户反馈中获取有价值的市场信息和改进建议，提高自身的响应速度和适应能力。创业企业可以通过与高校、科研机构、技术公司等合作，获取先进的技术支持和创新成果。通过合作研发、技术转让、专利许可等方式，企业可以加快技术研发进程，提高自身的技术水平和创新能力。此外，企业还可以借助外部技术资源进行技术升级和产品改进，提高市场竞争力。创业企业需要关注政策变化和政策支持，通过合理利用政策资源，获得政府的支持和优惠。例如，企业可以申请各类扶持资金、税收优惠、项目补贴等，降低运营成本和市场风险。此外，企业还可以借助政策支持进行技术创新和市场拓展，提高自身的竞争力和发展潜力。创业企业可以与相关产业的企业建立合作关系，形成产业联盟或生态圈。通过共享资源、技术交流、协同创新等方式，企业可以拓展业务范围和市场空间。同时，产业联盟或生态圈还可以为企业提供行业趋势和市场信息，帮助企业更好地了解市场需求和发展方向。

（4）创业企业可以建立资源共享机制，鼓励员工之间的信息共享、知识共享和资源共享。通过资源共享机制，企业可以促进员工之间的交流与合作，提高整体团队的响应速度和适应能力。创业企业资源共享体现在信息共享、知识共享、资源共享、合作与协调、激励机制、培训与学习以及开放的企业文化上。创业企业可以建立信息共享机制，鼓励员工之间分享市场信息、客户需求、技术动态等。通过信息共享，企业可以确保信息的流通畅通，避免信息孤岛和重复劳动。员工之间可以建立信息交流平台，定期发布市场信息和行业动态，共同了解市场趋势和发展方向。创业企业可以建立知识共享机制，鼓励员工之间分享专业知识、经验和技能。通过知识共享，企业可以促进员工之间的学习与成长，提高整体团队的素质和创新能力。员工之间可以建立知识分享平台，定期开展专业知识培训、经验分享和技能交流活动，促进知识的传播和应用。创业企业可以建立资源共享机制，鼓励员工之间分享人力、物力、财力等资源。通过资源共享，企业可以优化资源配置，避免资源的浪费和重复投入。员工之间可以建立资源共享平台，共同管理企业资源，实现资源的最大化利用和效益。建立资源共享机制需要加强员工之间的合作与协调。通过跨部门合作和协调沟通，企业可以打破部门壁垒，提高整体团队的响应速度和适应能力。员工之间可以建立跨部门项目团队，共同完成企业的重要任务和目标。为了鼓励员工积极参与资源共享活动，创业企业需要建立相应的激励机制。激励机制可以包括奖励制度、晋升机制、培训机会等，以激发员工的积极性和创造力。通过激励员工积极参与资源共享活动可以提高员工的工作满意度和团队合作意识进而提升组织韧性和响应速度；创业企业应定期组织员工参加培训和学习活动以提高员工的专业素质和技能水平。通过培训和学习活动可以促进员工之间的交流与合作，提高员工之间的相互了解和信任，进而提升组织韧性和响应速度；创业企业应积极营造开放的企业文化鼓励员工提出新的想法和建议以及分享知识和经验。通过开放的企业文化可以促进员工之间的互动和交流以及提高企业的创新能力进而提升组织韧性和响应速度。为了确保资源共享机制的有效实施并不断完善创业企业，应定期对资源共享的效果进行评估和反馈。通过评估和反馈可以了解资源共享中存在的问题和不足，进而采取改进措施提高资源共享的效果以及提升组织韧性和响应速度。

（5）注重资源投入与产出是创业企业提升组织韧性和市场竞争力的关键策略之一。在资源有限的情况下，企业需要关注资源的合理分配和有效利用，以实现资源的最大化效益。这些举措具体体现在：合理分配资源，创业企业需要在不同部门和业务领域之间合理分配资源。在资源分配过程中，企业需要考虑各部门的需求、业务优先级、市场潜力等因素，确保资源在不同部门之间的公平分配和协调使用。通过合理分配资源，企业可以确保各部门在资源利用方面得到平衡，提高整体运营效率和创新能力。资源利用效益，注重资源投入与产出的比例是提高资源利用效益的关键。创业企业需要关注资源的有效利用和最大化效益，避免资源的浪费和重复投入。通过优化业务流程、提高生产效率、降低成本等方式，企业可以优化资源利用结构，提高资源利用效益，进而提升组织韧性和市场竞争力；创新与研发，注重资源投入与产出需要关注创新和研发。在竞争激烈的市场环境中，创业企业需要不断进行产品和技术创新，以满足市场需求和提升竞争力。通过加大研发力度、吸引优秀人才、加强产学研合作等方式，企业可以提升自身的技术水平和创新能力，获取更多的知识产权和竞争优势。精细化运营，注重资源投入与产出需要关注精细化运营。创业企业需要通过对运营流程的精细化管理，降低成本消耗和提高运营效率。通过优化采购、库存、生产、销售等环节，企业可以降低成本、减少浪费，提高产品质量和客户满意度，进而提升组织韧性和市场竞争力。人才培养与激励，注重资源投入与产出需要关注人才培养和激励。创业企业需要建立完善的人才培养和激励机制，提高员工的专业素质和工作积极性。通过培训、晋升、奖励等方式，企业可以提升员工的技能水平和工作热情，进而提高整体团队的响应速度和适应能力。监控与评估。注重资源投入与产出需要建立监控与评估机制。创业企业需要对资源利用情况进行定期评估和反馈，了解资源投入与产出的比例以及存在的问题。通过评估和反馈，企业可以及时调整资源分配方案和优化业务流程，提高资源利用效益和组织韧性。

三、商业模式创新视角下的管理启示

本书从效率型商业模式创新和新颖型商业模式创新视角提出促进创业企业组织韧性提升的建议。

一方面，从效率型商业模式创新视角出发，企业可采取以下三项措施：

（1）优化价值链。创业企业可以通过分析价值链中的各个环节，找出瓶颈和低效环节，采取措施进行优化。例如，优化采购过程、提高生产效率、降低库存等，从而提高运营效率和资源利用效率。具体而言，创业企业需要分析自身的价值链，了解从原材料采购到最终产品交付给客户的整个过程。通过对价值链的分析，企业可以了解各环节的运营情况和资源消耗情况，发现存在的问题和瓶颈。采购是企业价值链中的重要环节，也是企业资源投入的重要部分。创业企业可以通过优化采购过程，降低采购成本，提高采购效率。例如，企业可以通过集中采购、长期合同、供应商管理等手段，提高采购的稳定性和效率。生产是企业价值链中的核心环节，提高生产效率可以降低成本、提高产品质量和客户满意度。创业企业可以通过引入先进的生产技术和管理方法，提高生产效率。例如，采用精益生产、六西格玛等方法，优化生产流程，减少浪费和降低成本。库存是企业价值链中的重要资源消耗，过多的库存会导致资金占用和降低资产周转率。创业企业可以通过合理的库存管理，降低库存水平。例如，采用实时库存管理、需求预测等方法，控制库存数量和结构，避免库存积压和浪费。物流配送是企业价值链中的重要环节，直接影响到客户的满意度和企业的运营效率。创业企业可以通过优化物流配送网络，提高配送效率和质量。例如，采用智能物流系统、优化运输路线、提高配送准确率等方法，提高物流配送的效率和客户满意度。创业企业可以通过资源整合，优化价值链中的各个环节。例如，企业可以通过与供应商、物流商等合作伙伴建立紧密的合作关系，共享资源、降低成本、提高效率。优化价值链是一个持续不断的过程，创业企业需要不断进行持续改进，发现存在的问题并采取有效措施进行改进。通过持续改进，企业可以不断提高运营效率和产品质量，提升客户满意度和忠诚度，进而提高组织韧性。

（2）精细化管理。精细化管理是创业企业提升组织韧性和市场竞争力的关键策略之一。通过建立精细化的管理体系，企业可以对各项业务活动进行细致入微的管理，更好地掌握市场需求和变化，及时调整策略和优化流程，提高响应速度和适应能力。具体而言，创业企业需要制订精细化的管理计划，明确各项业务活动的管理目标、计划和实施步骤。通过制订精细化的管理计划，企业可以更好地掌握市场需求和变化，及时调整策略和优化流程。创业企业需要进行精细化的市场调研与分析，了解市场需求、竞争对手情况、行业趋势等。通过精细化的市场调研与分析，企业可以更好地掌握市场变化，及时调整产品和服务策略，提高市场竞争力。创业企业需要建立精细化的生产管理体系，优化生产流程、提高生产效率、降低成本等。通过精细化的生产管理，企业可以更好地掌握生产进度和产品质量，提高生产效率和产品质量。创业企业需要建立精细化的质量管理体系，对产品质量进行全面、全员、全过程的管理。通过精细化的质量管理，企业可以提高产品质量和客户满意度，减少售后维修和退货等成本。创业企业需要建立精细化的财务管理体系，对财务数据进行全面、准确、及时的管理。通过精细化的财务管理，企业可以更好地掌握财务状况和经营成果，及时发现和解决财务问题。创业企业需要建立精细化的员工管理体系，对员工进行全面、公正、激励的管理。通过精细化的员工管理，企业可以提高员工的工作积极性和工作效率，降低人员流失率。创业企业需要建立精细化的风险管理体系，对市场风险、财务风险、法律风险等进行全面、及时、有效的管理。通过精细化的风险管理，企业可以更好地掌握风险状况和变化趋势，及时采取措施降低和化解风险。创业企业需要进行持续改进，发现存在的问题并采取有效措施进行改进。通过持续改进，企业可以不断提高管理水平和效率，优化业务流程和资源配置，提高响应速度和适应能力。

（3）持续改进。持续改进是创业企业提升组织韧性和市场竞争力的关键策略之一。通过进行持续改进，企业可以发现存在的问题并采取有效措施进行改进，从而提高运营效率和产品质量，提升客户满意度和忠诚度，进而提高组织韧性。创业企业需要建立良好的问题发现机制，及时发现运营中存在的问题和不足。问题可能来自市场需求、产品质量、客户服务、生产效率等多个方面。通过发现问题，企业可以了解自身的弱点和不足，为持续改进提供方向和目标。一旦发现问题，创业企业需要对其进行深入分析，找出问题的根源和影响因素。通过分析问题，企业可以更好地理解问题的本质和影响范围，为制定改进措施提供依据和支持。基于对问题的深入分析，创业企业需要制定具体的改进措施和实施计划。改进措施可能包括优化业务流程、改进产品设计、提升员工技能、加强客户关系管理等。制定改进措施时需要考虑实际情况和资源限制，确保措施的可行性和有效性。制定好改进措施后，创业企业需要积极推进实施，确保措施落地生根。在实施过程中，企业需要建立良好的沟通机制和协作文化，促进各部门之间的合作和信息共享。通过实施改进措施，企业可以逐步解决问题，提高运营效率和产品质量。持续改进是一个循环往复的过程，需要不断地监督和评估。创业企业需要建立监督与评估机制，对改进措施的实施情况进行跟踪和评估。通过监督与评估，了解改进措施的效果和影响，及时调整和优化改进措施，确保持续改进的有效性和高效性。为了激发员工参与持续改进的积极性和创造力，创业企业需要建立适当的激励和奖励机制。通过激励和奖励，可以鼓励员工提出问题和建议，激发员工的创新热情和工作动力。通过激励和奖励机制的建立和完善，可以提高员工的满意度和忠诚度，进而提高组织韧性。持续改进需要良好的企业文化支撑。创业企业需要积极培育持续改进的企业文化，让员工认识到持续改进的重要性并积极参与其中。通过培育持续改进的企业文化，提高员工的归属感和责任感，进而提高组织韧性。

另一方面，从新颖型商业模式创新视角出发，创业企业可以采取以下三项措施：

（1）创新商业模式。创新商业模式是创业企业提升组织韧性和市场竞争力的关键策略之一。通过采用新颖的商业模式，企业可以重新定义自身的价值创造方式、资源配置方式、业务逻辑等，从而提高企业的竞争力和适应能力。创新型的商业模式包括平台型商业模式，即一种基于互联网和数字技术的商业模式，通过搭建一个平台，连接供给方和需求方，实现资源的高效配置和价值的共享。创业企业可以采用平台型商业模式，通过提供平台服务来吸引更多的参与者，扩大市场份额和提升组织韧性。例如，一些电商企业、共享经济企业等都采用了平台型商业模式；共享经济模式，即一种基于互联网和移动技术的商业模式，通过将闲置的物品、空间或服务提供给需要的人，实现资源的共享和价值的最大化。创业企业可以采用共享经济模式，通过将闲置的资源分享给需要的人，获得额外的收益和提升组织韧性。例如，共享单车、共享汽车等企业采用了共享经济模式；"互联网＋"模式，一种将传统产业与互联网技术相结合的商业模式，通过互联网技术提升传统产业的效率和质量，实现产业升级和价值创造。创业企业可以采用"互联网＋"模式，通过将互联网技术引入传统产业，提升生产效率、改善用户体验等，提高市场竞争力和组织韧性。例如，智能制造、互联网医疗等企业采用了"互联网＋"模式。订阅式商业模式，一种按照使用时间或使用次数收费的商业模式，用户可以通过定期支付一定的费用来获得相应的服务或产品。创业企业可以采用订阅式商业模式，通过提供连续的服务或产品来获得稳定的收入和提升组织韧性。例如，一些云服务企业、新闻媒体等采用了订阅式商业模式。开放式商业模式，一种基于开放理念的商业模式，通过开放自身的资源和技术，与合作伙伴共同开发市场和创造价值。创业企业可以采用开放式商业模式，通过与其他企业合作，实现资源共享、风险共担、利益共享等，提高市场竞争力和组织韧性。例如，一些开源软件企业、开放式创新平台等采用了开放式商业模式。

（2）拓展市场空间。拓展市场空间是创业企业提高组织韧性和市场竞争力的关键策略之一。通过开发新客户群体、开拓新市场领域、提供新服务项目等方式，企业可以扩大业务范围和市场规模，增加收入来源，提高抗风险能力。创业企业可以考虑采取以下举措拓展市场空间。创业企业可以通过市场调研和分析，了解不同客户群体的需求和偏好，针对性地开发新的客户群体。通过开发新客户群体，企业可以扩大市场份额，提高销售额和组织韧性。例如，一些企业通过开发年轻、老年、高收入等不同客户群体，实现了销售额的增长和市场的拓展。创业企业可以通过研究市场需求和趋势，开拓新的市场领域。例如，进入新兴产业、拓展国际市场等。通过开拓新市场领域，企业可以抓住市场机遇，提高市场份额和组织韧性。例如，一些企业通过进入新兴的智能家居、新能源等领域，实现了业务的快速增长和市场空间的拓展。创业企业可以通过创新和研发，提供新的服务项目。例如，推出新的产品或服务、拓展售后服务等。通过提供新的服务项目，企业可以满足客户的需求和期望，提高客户满意度和忠诚度，进而提高组织韧性。例如，一些企业通过提供定制化、个性化的产品和服务，以及优质的售后服务，提高了客户黏性和市场竞争力。创业企业可以通过多元化经营来降低单一业务的风险。通过涉足不同的领域和行业，企业可以拓展市场空间，增加收入来源，提高抗风险能力。例如，一些企业通过涉足金融、地产等领域，实现了多元化经营和市场的稳定增长。创业企业可以通过与其他企业合作或建立战略联盟来拓展市场空间。通过合作与联盟，企业可以共享资源、技术、渠道等优势，共同开发市场和创造价值。例如，一些企业通过与上下游企业、科研机构等合作或建立战略联盟，实现了市场空间的拓展和技术创新。

（3）打造核心竞争力。打造核心竞争力是创业企业提升组织韧性和市场竞争力的关键策略之一。核心竞争力是指企业所具备的独特竞争优势，可以是技术能力、品牌影响力、渠道优势等。通过打造核心竞争力，企业可以更好地应对市场竞争和变化，提高生存能力和组织韧性。创业企业可从以下五个方面着手打造核心竞争力：①创业企业可以通过不断研发和创新，提高自身的技术能力。通过拥有核心技术和专利，企业可以降低对外部技术的依赖，提高产品或服务的独特性和竞争力。例如，一些高科技企业通过研发具有自主知识产权的核心技术，实现了产品的高性能、高品质和差异化，提高了市场占有率和组织韧性。②创业企业可以通过打造品牌影响力来提高自身的市场竞争力。通过建立良好的品牌形象和口碑，企业可以吸引更多的客户和消费者，提高市场份额和组织韧性。例如，一些消费品企业通过打造品牌形象、提升品质、加强营销等方式，提高了品牌知名度和美誉度，实现了销售额的增长和市场的拓展。③创业企业可以通过建立渠道优势来提高自身的市场竞争力。通过拥有广泛的销售渠道和网络，企业可以更好地覆盖市场和客户群体，提高销售额和组织韧性（王苗和张冰超，2022）。例如，一些电商平台企业通过建立广泛的用户基础、优化用户体验、加强数据运用等方式，建立了渠道优势，实现了销售额的高速增长和市场空间的拓展。④创业企业可以通过吸引和培养优秀的人才来提高自身的核心竞争力。通过拥有高素质的人才队伍，企业可以更好地应对市场竞争和变化，提高组织韧性和生存能力。例如，一些高科技企业通过招聘和培养高素质的研发团队和管理团队，提高了企业的技术水平和创新能力，实现了快速发展和市场拓展。⑤创业企业可以通过建立优秀的组织文化来提高自身的核心竞争力。通过培养员工的价值观、使命感、归属感等，企业可以激发员工的积极性和创造力，提高组织的凝聚力和韧性。例如，一些企业文化强调团队合作、创新思维、客户至上等价值观念，推动了企业的发展和市场竞争力的提升。

此外，结合资源编排视角下的管理启示，本书认为，创业企业可加强编排资源与创新商业模式活动，同时注重连续性与变革性相结合的原则以促进组织韧性培育。通过理论与实证分析证实了，资源编排行动与商业模式创新行动对提升创业企业组织韧性水平上的积极影响，从而启示创业企业需要注重加强应用两种行动，然而无论是编排行动还是创新行动都高度依赖创业企业编排资源与创新商业模式的能力。因此，创业企业在日常运营中，需要有意识地增强编排资源与创新商业模式的能力，形成不同于成熟企业的独特能力，以使其能够在复杂环境中有效应对 VUCA 与危机事件，维持自身可持续。同时，由于资源编排行动与商业模式创新行动都存在连续性与变革性两个方向，连续性侧重短期的即时应对，以恢复平常状态（李姗姗和黄群慧，2023）；变革性侧重长期发展，以培养组织学习能力实现反超成长。本书证实了连续性与变革型行动均能有效地促进组织韧性，从而启示创业企业管理者在行动中注重连续性与变革性结合，在连续性的活动中挖掘变革性契机，以重构适合潜在市场或技术发展的新组织业态。而不可否认的是，连续性与变革性活动间存在某些悖论，但依据既有的研究，创业企业相比成熟企业有着小而灵活的特性，因此创业企业亟须发挥自身灵活性的重要作用，力求在编排行动与创新行动中实现连续性与变革性的演化结合。

四、管理解释视角下的管理启示

就创业企业管理者而言体现在以下两个方面：

第一，创业企业管理者（创业者）需增强辨识情境的能力以推动组织韧性培育。本书发现，管理者认知在培育组织韧性中权变影响，当管理者倾向于从适度的机会视角以及矛盾视角解读外部情境时，管理者的这种认知能够与双元市场导向形成对组织韧性构建的协同倍增效应；当管理者倾向于从威胁视角解读外部情境时，管理者的这种认知会与双元市场导向形成对组织韧性构建的替代效应。这启示创业企业的管理者需要注意管理自身对情境与信息的认知，特别是对大波动或危机的解释，以克制不必要的威胁认知，避免"畏手畏脚"而"不知所措""一筹莫展"。以当前新冠疫情的暴发与反复而形成的全球疫情常态化发展为背景，处于这一新情境下的创业者或创业企业管理者需要以积极的心态审视面临的威胁，并快速地识别其中的机会以把握新的机遇。《新冠疫情危机下的企业韧性与企业家精神——2021中国企业家成长与发展专题调查报告》指出，企业家对于环境的"务实进取型"认知能够显著地促进组织韧性水平的提升（李兰等，2022），企业家的这一价值观与机会解释有着异曲同工之处，例如，通过行动掌握自己的命运、实现愿望，凭借自身的努力弥补命运中的遗憾等。同时，管理者还需要避免出现过度自信而"乐极生悲"的情况，过度自信会导致创业者或管理者失去对危机严峻性的正确认知。

第二，创业企业管理者（创业者）需灵活配置以对接情境从而促进组织韧性培育。本书运用fsQCA方法证实了多个不同前因条件对创业企业组织韧性实现的殊途同归效应，并汇总出了3种组织韧性实现模式："导向-编排"匹配驱动型、"导向-创新"匹配驱动型以及"集思广益"驱动型。首先，"导向-编排"匹配驱动型组织韧性实现模式启示创业者或管理者要积极打造广泛而均衡的资源基础，并借助双元市场导向与资源编排活动的匹配结合而完成对可用资源的获取、吸收与转化应用，从而为走出资源困境锻造出塑造组织韧性的一把利剑。因此，创业企业可在重视自身资源积累的基础上秉持双元市场导向广泛地获取外部信息，同时运用资源编排改变固有的资源应用方式，努力扩展资源库。其次，"导向-创新"匹配驱动型组织韧性实现模式启示创业者或管理者主动变革商业模式，主动地尝试与市场变动、环境变动相匹配的新的商业模式，因为那些积累商业模式创新实践经验的企业更容易构建起组织韧性。这意味着创业企业需在组织内部建立容忍、接受、主动实施商业模式创新的机制，同时管理在波动环境中获取市场资源的双元市场导向，以便在面对危机时保持创新商业模式的勇气。最后，"集思广益"驱动型启示创业者或管理者需要依据自身实际情况，灵活地配置不同倾向的导向与行动，从而实现组织内部活动与外部环境间的匹配性，进而提升组织的韧性水平，维持企业稳定与长远发展态势。

第三节　研究展望

第一，本书认为，未来研究可从完善研究局限方面展开探讨。首先，未来研究可拓展样本所属行业范畴，以进一步增强研究结论的普适性。其次，未来研究可开展二阶段或三阶段的问卷调研，从而减少共同方法偏差对结果的影响。比如，第一次发放问卷仅回收控制变量、自变量（双元市场导向）和中介变量（资源编排与商业模式创新），第二次发放问卷再回收控制变量、调节变量（管理解释）和结果变量（组织韧性）。最后，未来研究可开展追踪调研，以获得有关创业企业组织韧性的动态性时间序列数据，并据此考察创业企业如何基于本书提出的框架，在动态连续的过程中构建组织韧性。

第二，本书遵循"导向-行动-韧性"的逻辑框架考察了上文所述的主导模型，从资源与创新行动结合的视角，检验了创业企业如何采用响应行动响应市场信息，以抓住生存机遇，增强组织可持续能力，进而促进组织韧性水平提升的过程。而以往研究表明，除资源与创新行动的结合以外，资源与机会的结合对创业企业绩效提升、竞争优势构建等也具有显著积极影响。由此我们推断，创业企业借助对资源的"巧配"行动(资源编排)识别出新的创业机会(创业机会识别),并开发、利用机会(创业机会开发)也可能作为构建组织韧性的路径,未来研究可从机会-资源整合的视角做进一步讨论。此外,就机会与资源的结合而言,有研究指出,两者不仅可作为独立因素对结果产生影响,彼此间还可能存在复杂的螺旋式递进关系(葛宝山等,2015),表现为现有资源对创业机会识别、创业机会开发的促进作用,创业机会识别过程衍生出的资源意味着创业机会识别也能够对资源获取产生积极影响,企业进一步配置、编排资源的过程又是一个识别资源与机会进而利用机会的过程,最后与下一轮再次开始的资源获取相结合,从而完成对创业机会的评价。由此,机会与资源形成了带有协同性的、螺旋式递进的耦合关系,两者相互交织、互相促进,体现在理论研究上,这种耦合关系可理解为两者的关联性。因此,应用组态分析方法,实证检验资源与机会对组织韧性这一结果变量的组态效应,也值得未来展开深入探析。

第三,本书模型中创业企业无论是秉行双元市场导向,还是从事资源编排、商业模式创新都不可避免地涉及与组织外部间的联系、互动与合作,特别是资源编排行动。企业与外部组织联系是企业获取相关的信息、资源与知识等的关键渠道。然而,企业在从这些外部合作伙伴中汲取信息与资源,或与这些外部合作伙伴交换资源与知识的过程中,都会存在资源浪费、知识隐藏、知识泄露等困惑,进而导致企业之间倾向于就信息、资源与知识展开隐藏/分享的博弈。为避免或缓解这一问题,知识产权领域的"价值共创"观点,近年来得到了商界与学界的高度关注。价值共创主张"所有的经济、社会主体均为资源整合者"。随着研究深化,价值共创的研究范畴已从单一的企业与客户拓展到了整个生态系统的参与多方。遵循知识产权领域的相关研究,我们认为资源编排领域也存在着资源隐藏/分享的悖论,同时创业企业也可作为创业生态系统的重要组成部分。鉴于此,本书将价值共创延伸至创业企业的资源编排领域,提出创业企业适应性或变革性地吸收、获取并转化应用资源的编排行动,会出现"有意识保护关键资源"与"无意识溢出或泄露"的困惑。而创业生态系统价值共创理念的倡导,以及创业企业价值共创理念的奉行,则有助于降低某一创业企业在资源编排过程中的悖论意识,从而更专注于编排行动,以更好地发挥其价值。因此,未来研究可立足开放性的研究情境,检验价值共创理念如何影响创业企业资源编排行动,进而影响与组织韧性构建的关系。

第四,本书的一个理论贡献是从行动视角寻找到了链接双元市场导向与组织韧性关系的一个战略性工具——商业模式创新，但本书仅关注到了商业模式创新的显性层面(交易属性)，尚未就商业模式创新的隐性层面(制度属性)展开讨论，因此未来研究可就此展开剖析。一方面，借鉴汪寿阳等(2015)的研究，我们认为显性层面的商业模式创新即本书所关注的商业模式创新，而隐性层面的商业模式创新涉及了 C(行业类别)、E(地域环境)以及 T(科技水平)三个方面的内容，显性层面的商业模式创新与隐性层面的商业模式创新合成则得到了完整的商业模式创新集成分析体系。其中，行业类别(Category)是指商业模式创新所处的场域，包括成熟场域与新兴场域；地域环境(Environment)指商业模式创新所处的环境，包括政治环境、经济环境与文化环境；科技水平(Technology)是指商业模式创新所立足的基本技术水平(汪寿阳等，2015)。由此，我们可以得到上述三种结合的商业模式创新前因条件集成组合(不同要素间的匹配)体系，未来研究可结合该模型更全面地看待商业模式创新及其对组织韧性的影响。另一方面，参考罗兴武等(2019)的研究，商业模式创新会涉及组织合法性的问题，即商业模式创新的显性层面(交易属性)通过增强组织的竞争性交易对组织相关结果产生积极影响，而隐性层面(制度属性)则通过增强组织的合法性对组织相关结果产生了积极影响。同时，对创业企业增强生存能力、提升组织韧性而言，组织合法性也是一个需要受到重要关注的前因变量。因此，无论是从商业模式创新衍生出来的组织合法性问题，还是单独考量组织合法性的问题，组织合法性对组织韧性的影响都应作为未来研究的一个方向。从商业模式创新衍生的组织合法性角度来说，在罗兴武等(2019)看来，商业模式创新的制度属性包含一致性与可持续性两个维度，带有一致性的商业模式创新增强了组织与外部制度的匹配性，带有可持续性的商业模式创新则增强了组织对外部制度的动态适应性。因此，制度属性下的商业模式创新回答了创业企业如何借助商业模式创新获得制度优势的问题。单独地从组织合法性的角度来说，诸多学者将创业企业生存困难、失败率高、生存周期短等问题归结为合法性约束(罗兴武等，2019)，因此如何克服合法性约束以获取关键资源必然对组织韧性产生积极影响。

参考文献

[1] Acar A Z, Özşahin M. The Relationship Among Strategic Orientations, Organizational Innovativeness, and Business Performance[J]. International Journal of Innovation Management, 2017, 22(1): 1-27.

[2] Ager A K, Lembani M, Mohammed A, et al. Health Service Resilience in Yobe State, Nigeria in the Context of the Boko Haram Insurgency: A Systems Dynamics Analysis using Group model Building[J]. Conflict and Health, 2015, 9 (1): 30.

[3] Ager J, Fiddian-Qasmiyeh E, Ager A. Local Faith Communities and the Promotion of Resilience in Contexts of Humanitarian Crisis[J]. Journal of Refugee Studies, 2015, 28(2): 202-221.

[4] Ahmad Z, Chao L, Chao W, et al. How Collaboration Impacts in the Market Orientation-performance Relationship of SMEs? A Perspective from Belt and Road Initiative[J]. Journal of Business & Industrial Marketing, 2021, 36(5): 796-806.

[5] Ahuja S, Chan Y E. Resource Orchestration for IT-enabled Innovation[J]. Kindai Management Review, 2017, 5(1): 78-96.

[6] Al Balushi M. How Internal Transparency Impacts Organizational Resilience [J]. International Journal of Quality & Reliability Management, 2020, 38(5): 1246-1263.

[7] Alexander D E. Resilience and Disaster Risk Reduction: An Etymological Journey[J]. Natural Hazards and Earth Systems Sciences, 2013(13): 2707-2713.

[8] Amit R, Han X. Value Creation Through Novel Resource Configurations in a Digitally Enabled World[J]. Strategic Entrepreneurship Journal, 2017, 11(3): 228-242.

[9] Amit R, Zott C. Creating Value Through Business Model Innovation[J]. MIT Sloan Management Review, 2012, 53(3): 41-49.

[10] Amit R, Zott C. Value Creation in E-business [J]. Strategic Management Journal, 2001, 22(6): 493-520.

[11] Andersson T, Cäker M, Tengblad S, et al. Building Traits for Organizational Resilience Through Balancing Organizational Structures [J]. Scandinavian Journal of Management, 2019, 35(1): 36-45.

[12] Anwar M. Business Model Innovation and SMEs Performance—Does Competitive Advantage Mediate? [J]. International Journal of Innovation Management, 2018, 22(7): 1850057.

[13] Aristotle. Nicomachean Ethics[M]. McMaster University Archive for the History of Economic Thought, 1962.

[14] Arthur W B. Competing Technologies, Increasing Returns and Lock-in by Historical Events[J]. The Economic Journal, 1989(99): 116-131.

[15] Aspara J, Lamberg J, Laukia A, et al. Strategic Management of Business Model Transformation: Lessons from Nokia[J]. Management Decision, 2011, 49(4): 622-647.

[16] Atuahene-Gima K, Slater S F, Olson E M. The Contingent Value of Responsive and Proactive Market Orientations for New Product Program Performance[J]. Journal of Product Innovation Management, 2005, 22(6): 464-482.

[17] Auh S, Menguc B. Balancing Exploration and Exploitation: The Moderating Role of Competitive Intensity[J]. Journal of Business Research, 2005, 58(12): 1652-1661.

[18] Avey J B, Reichard R J, Luthans F, et al. Meta-analysis of the Impact of Positive Psychological Capital on Employee Attitudes, Behaviors, and Performance [J]. Human Resource Development Quarterly, 2011, 22(2): 127-152.

[19] Badrinarayanan V, Ramachandran I, Madhavaram S. Resource Orchestration and Dynamic Managerial Capabilities: Focusing on Sales Managers as Effective Resource Orchestrators[J]. Journal of Personal Selling & Sales Management, 2019, 39(1): 23-41.

[20] Baert C, Meuleman M, Debruyne M, et al. Portfolio Entrepreneurship and Resource Orchestration[J]. Strategic Entrepreneurship Journal, 2016, 10(4): 346-370.

[21] Balboni B, Bortoluzzi G, Pugliese R, et al. Business Model Evolution, Contextual Ambidexterity and the Growth Performance of High-tech Start-ups[J]. Journal of Business Research, 2019(99): 115-124.

[22] Barasa E, Mbau R, Gilson L. What is Resilience and How Can it be Nurtured? A Systematic Review of Empirical Literature on Organizational Resilience[J]. International Journal of Health Policy and Management, 2018, 7(6): 491-503.

[23] Barton M A, Kahn W A. Group Resilience: The Place and Meaning of Relational Pauses[J]. Organization Studies, 2019, 40(9): 1409-1429.

[24] Batra I, Preethi P, Dhir S. A Meta-analytical Review of Antecedents of Organizational Ambidexterity [J]. International Journal of Knowledge Management, 2021, 17(4): 28-51.

[25] Berinsky A J, Huber G A, Lenz G S. Evaluating Online Labor Markets for Experimental Research: Amazon. Com's Mechanical Turk [J]. Political Analysis, 2012, 20(3): 351-368.

[26] Bock A, Gerard G. Business Model Innovation and Strategic Flexibility: A Study of the Effects of Informal and Formal Organization[R]. Sumantra Ghoshal Conference for Managerially Relevant Research, London, 2010.

[27] Bock A J, Opsahl T, George G, et al. The Effects of Culture and Structure on Strategic Flexibility During Business Model Innovation [J]. Social Science Electronic Publishing, 2012, 49(2): 279-305.

[28] Bosma N, Lopez-Garcia P, Reynolds P D, et al. Global Entrepreneurship Monitor: Data Collection Design and Implementation 1998-2003[J]. Social Science Electronic Publishing, 2005, 24(3): 205-231.

[29] Buliga O, Scheiner C W, Voigt K I. Business Model Innovation and Organizational Resilience: Towards an Integrated Conceptual Framework[J]. Journal of Business Economics, 2016, 86(6): 647-670.

[30] Buyl T, Boone C, Wade J B. CEO Narcissism, Risk-taking, and Resili-

ence: An Empirical Analysis in U. S. Commercial Banks[J]. Journal of Management, 2019, 45(4): 1372-1400.

[31] Cadogan J W, Diamantopoulos A. Narver and Slater, Kohli and Jaworski and the Market Orientation Construct: Integration and Internationalization[J]. Journal of Strategic Marketing, 1995, 3(1): 41-60.

[32] Cadogan J W, Kuivalainen O, Sundqvist S. Export Market-oriented Behavior and Export Performance: Quadratic and Moderating Effects under Differing Degrees of Market Dynamism and Internationalization[J]. Journal of International Marketing, 2009, 17(4): 71-89.

[33] Cadogan J W. Multiple Perspectives on Market Orientation's Domain Specification: Implications for Theory Development and Knowledge Accumulation[M]. Marketing Changes, 2003.

[34] Cadogan J W, Souchon A L, Procter D B. The Quality of Market-oriented Behaviors: Formative Index Construction[J]. Journal of Business Research, 2008, 61 (12): 1263-1277.

[35] Candi M, Beltagui A. Effective use of 3D Printing in the Innovation Process[J]. Technovation, 2019(80-81): 63-73.

[36] Cao Q, Gedajlovic E, Zhang H. Unpacking Organizational Ambidexterity: Dimensions, Contingencies, and Synergistic Effects[J]. Organization Science, 2009, 20(4): 781-796.

[37] Carnes C M, Chirico F, Hitt M A, et al. Resource Orchestration for Innovation: Structuring and Bundling Resources in Growth-and Maturity-stage Firms[J]. Long Range Planning, 2017, 50(4): 472-486.

[38] Casadesus-Masanell R, Zhu F. Strategies to Fight Ad-sponsored Rivals [J]. Management Science, 2010, 56(9): 1484-1499.

[39] Cervera A, Mollá A, Sanchez M. Antecedents and Consequences of Market Orientation in Public Organisations[J]. European Journal of Marketing, 2001, 35(11/12): 1259-1286.

[40] Chadwick C, Super J F, Kwon K. Resource Orchestration in Practice: CEO Emphasis on SHRM, Commitment-based HR Systems, and Firm Performance

[J]. Strategic Management Journal, 2015, 36(3): 360-376.

[41] Chattopadhyay P, Glick W H, Huber G P. Organizational Actions in Response to Threats and Opportunities[J]. Academy of Management Journal, 2001(44): 937-955.

[42] Chattopadhyay P, Huber G. Organizational Actions in Response to Threats and Opportunities[J]. Academy of Management Journal, 2001, 44(5): 937-955.

[43] Chen R, Xie Y, Liu Y. Defining, Conceptualizing, and Measuring Organizational Resilience: A Multiple Case Study[J]. Sustainability, 2021, 13(5): 2517.

[44] Chesbrough H, Rosenbloom R S. The Role of the Business Model in Capturing Value from Innovation: Evidence from Xerox Corporation's Technology Spin-off Companies[J]. Social Science Electronic Publishing, 2002, 11(3): 529-555.

[45] Chiang Y H, Hung K P. Exploring Open Search Strategies and Perceived Innovation Performance from the Perspective of Inner-organizational Knowledge Flows [J]. R&D Management, 2010, 40(3): 292-299.

[46] Christensen C M, Bower J L. Customer Power, Strategic Investment, and the Failure of Leading Firms[J]. Strategic Management Journal, 1996, 17(3): 197-218.

[47] Christensen C M, Johnson M W, Rigby D K. Foundations for Growth: How to Identify and Build Disruptive New Businesses[J]. MIT Sloan Management Review, 2002, 43(3): 22-31.

[48] Churchill N C, Lewis V L. The Stages of Small Business Growth[J]. Harvard Business Review, 1983(61): 30-50.

[49] Cucculelli M, Bettinelli C. Business Models, Intangibles and Firm Performance: Evidence on Corporate Entrepreneurship from Italian Manufacturing SMEs [J]. Small Business Economics, 2015, 45(2): 329-350.

[50] Cui M, Pan S L, Newell S, et al. Strategy, Resource Orchestration and E-commerce Enabled Social Innovation in Rural China[J]. Journal of Strategic Information Systems, 2017, 26(1): 3-21.

[51] David P. Clio and the Economics of QWERTY[J]. American Economic Review, 1985(75): 332-337.

[52] Day G S. The Capabilities of Market-driven Organization[J]. Journal of Marketing, 1994, 58(4): 37-52.

[53] Degen R J. Social Network Driven Innovation[J]. The ISM Journal of International Business, 2010, 1(1): 1A.

[54] Deligianni I, Voudouris I, Spanos Y, et al. Non-linear Effects of Technological Competence on Product Innovation in New Technology-based Firms: Resource Orchestration and the Role of the Entrepreneur's Political Competence and Prior Start-up Experience[J]. Technovation, 2019(88): 102076.

[55] De Marchi V, Grandinetti R. Knowledge Strategies for Environmental Innovations: The Case of Italian Manufacturing Firms[J]. Journal of Knowledge Management, 2013, 17(4): 569-582.

[56] Deshpande R, Farley J U. Measuring Market Orientation: Generalization and Synthesis[J]. Journal of Market-Focused Management, 1998, 2(3): 213-232.

[57] Dollwet M, Reichard R. Assessing Cross-cultural Skills: Validation of a New Measure of Cross-cultural Psychological Capital[J]. The International Journal of Human Resource Management, 2014, 25(12): 1669-1696.

[58] Doz Y L, Kosonen M. Embedding Strategic Sgility: A Leadership Agenda for Accelerating Business Model Renewal[J]. Long Range Planning, 2010, 43(2-3): 370-382.

[59] Duchek S. Organizational Resilience: A Capability-based Conceptualization [J]. Business Research, 2020, 13(1): 215-246.

[60] Duncan R B. The Ambidextrous Organization: Designing Dual Structures for Innovation[J]. The Management of Organization, 1976, 1(1): 167-188.

[61] Dutton J E, Duncan R B. The Influence of the Strategic Planning Process on Strategic Change[J]. Strategic Management Journal, 1987, 8(2): 103-116.

[62] Dutton J E, Jackson S E. Categorizing Strategic Issues: Links to Organizational Action[J]. Academy of Management Review, 1987(12): 76-90.

[63] El Nayal O, Slangen A, van Oosterhout J, et al. Towards a Democratic New normal? Investor Reactions to Interim-regime Dominance During Violent Events [J]. Journal of Management Studies, 2020, 57(3): 505-536.

［64］ Fiddiam-Qasmiyeh E, Ager A. Local Faith Communities and the Promotion of Resilience in Humanitarian Situations: A Scoping Study［C］// Oxfam: Joint Learning Initiative on Faith and Local Communities and RSC Working Paper. 2013.

［65］ Fildes R, Hastings R. The Organization and Improvement of Market Forecasting［J］. Journal of the Operational Research Society, 1994, 45(1): 1-16.

［66］ Folke C. Resilience: The Emergence of a Perspective for Social-ecological Systems Analyses［J］. Globe Environment Change, 2006, 16(3): 253-267.

［67］ Fornell C, Larcker D F. Evaluating Structural Equation Models with Unobservable Variables and Measurement Error［J］. Journal of Marketing Research, 1981, 18(1): 39-50.

［68］ Foss N J, Saebi T. Fifteen Years of Research on Business Model Innovation: How Far Have We Come, and Where Should We Go? ［J］. Journal ofManagement, 2017, 43(1): 200-227.

［69］ Fotios V M. Human Resource Development (HRD) Resilience: A New 'Success Element' of Organizational Resilience? ［J］. Human Resource Development International, 2020, 23(3): 321-328.

［70］ Fourne S P L, Rosenbusch N, Heyden M, et al. Structural and Contextual Approaches to Ambidexterity: A Meta-analysis of Organizational and Environmental Contingencies［J］. European Management Journal, 2019, 37(5): 564-576.

［71］ Fuglsang L. Bricolage and Invisible Innovation in Public Service Innovation ［J］. Journal of Innovation Economics & Management, 2010(1): 67-87.

［72］ Galbraith J R. Organization Design: An Informantion Processing View［J］. Interfaces, 1974, 4(3): 28-36.

［73］ Gatignon H, Xuereb J M. Strategic Orientation of the Firm and New Product Performance［J］. Journal of Marketing Research, 1997, 34(1): 77-90.

［74］ Gattiker T F, Goodhue D L. Understanding the Local-level Costs and Benefits of ERP Through Organizational Information Processing Theory［J］. Information & Management, 2004, 41(4): 431-443.

［75］ Gebhardt G F, Carpenter G S, Sherry Jr J F. Creating a Market Orientation: A Longitudinal, Multifirm, Grounded Analysis of Cultural Transformation［J］.

Journal of Marketing, 2006, 70(4): 37-55.

[76] George E, Chattopadhyay P, Sitkin S B, et al. Cognitive Underpinnings of Institutional Persistence and Change: A Framing Perspective[J]. Academy of Management Review, 2006, 31(2): 347-365.

[77] Ghahroudi M R, Hoshino Y, Ahmadpoury F. The Impact of Knowledge Management Orientation on New Product Commercialization: The Mediating Role of Market Orientation[J]. American Journal of Industrial and Business Management, 2019, 9(10): 1949-1968.

[78] Ginsberg A, Venkataraman N. Investing in New Information Technology: The Role of Competitive Posture and Issue Diagnosis[J]. Strategic Management Journal, 1992(13): 37-53.

[79] Govindarajan V, Kopalle P K, Danneels E. The Effects of Mainstream and Emerging Customer Orientations on Radical and Disruptive Innovations[J]. Journal of Product Innovation Management, 2011, 28(s1): 121-132.

[80] Grant A M, Schwartz B. Too Much of A Good Thing: The Challenge and Opportunity of the Inverted U[J]. Perspectives on Psychological Science, 2011, 6 (1): 61-76.

[81] Gupta S, Kumar S, Kamboj S, et al. Impact of Agility and HR Systems on Job Satisfaction: An Organizational Information Processing Theory Perspective[J]. Journal of Knowledge Management, 2019, 23(9): 1782-1805.

[82] Hamel G. Leading the Revolution[M]. Boston: Harvard Business School Press, 2000.

[83] Han J K, Kim N, Srivastava R K. Market Orientation and Organizational Performance: Is Innovation a Missing Link? [J]. Journal of Marketing, 1998, 62 (4): 30-45.

[84] Helfat C E, Finkelstein S, Mitchell W, et al. Dynamic Capabilities: Understanding Strategic Change in Organizations[M]. Malden, MA: Blackwell, 2007.

[85] Highhous S, Yuce P. Perspectives, Perception, and Risk-taking Behavior [J]. Organizational Behavior and Human Decision Processes, 1996, 65(2): 159-167.

［86］ Hock M, Clauss T, Schulz E. The Impact of Organizational Culture on a Firm's Capability to Innovate the Business Model［J］. R&D Management, 2016, 46 (3): 433-450.

［87］ Holling, C. S. Resilience and Stability of Ecological Systems［J］. Annual Review of Ecology and Systematics, 1973(4): 1-23.

［88］ Holt D H. Entrepreneurship: New Venture Creation［M］. New Jersey: Prentice-Hall, 1992.

［89］ Horne J F, Orr J E. Assessing Behaviors That Create Resilient Organizations［J］. Employment Relations Today, 1998(24): 29-39.

［90］ Huang H C, Lai M C, Lin L H, et al. Overcoming Organizational Inertia to Strengthen Business Model Innovation: An Open Innovation Perspective［J］. Journal of Organizational Change Management, 2013, 26(6): 977-1002.

［91］ James M C. The Dimensionality of the Market Orientation Construct［J］. Journal of Strategic Marketing, 2019, 29(2): 1-20.

［92］ Junni P, Sarala R M, Taras V A S, et al. Organizational Ambidexterity and Performance: A Meta-analysis［J］. Academy of Management Perspectives, 2013, 27(4): 299-312.

［93］ Kafetzopoulos D. Organizational Ambidexterity: Antecedents, Performance and Environmental Uncertainty［J］. Business Process Management Journal, 2020.

［94］ Kantur D, Iseri-Say A. Organizational Resilience: A Conceptual Integrative Framework［J］. Journal of Management and Organization, 2012, 18(6): 762.

［95］ Kazanjian R K. Relation of Dominant Problems to Stages of Growth in Technology-based New Ventures［J］. Academy of Management Journal, 1998, 31 (2): 257-279.

［96］ Kim S K, Min S. Business Model Innovation Performance: When Does Adding a New Business Model Benefit an Incumbent?［J］. Strategic Entrepreneurship Journal, 2015, 9(1): 34-57.

［97］ Kim Y. Organizational Resilience and Employee Work-role Performance after a Crisis Situation: Exploring the Effects of Organizational Resilience on Internal Crisis Communication［J］. Journal of Public Relations Research, 2020(32): 47-75.

［98］ Kirca A H. The Effects of Market Orientation on Subsidiary Performance: Empirical Evidence from MNCs in Turkey［J］. Journal of World Business, 2011, 46 (4): 447-454.

［99］ Kogut B, Zander U. What Firms Do? Coordination, Identity, and Learning ［J］. Organization Science, 1996, 7(5): 502-518.

［100］ Kohli A K, Jaworski B J. Market Orientation: The Construct, Research Propositions, and Managerial Implications［J］. Journal of Marketing, 1990, 54(2): 1-18.

［101］ Kumar N, Scheer L, Kotler P. From Market Driven to Market Driving ［J］. European Management Journal, 2000, 18(2): 129-142.

［102］ Larson A. Network Dyads in Entrepreneurial Settings: A Study of the Governance of Exchange Relationships［J］. Administrative Science Quarterly, 1992, 37(1): 76-104.

［103］ Lavie D, Kang J, Rosenkopf L. Balance within and Across Domains: The Performance Implications of Exploration and Exploitation in Alliances［J］. Organization Science, 2011, 22(6): 1517-1538.

［104］ Lee A V, Vargo J, Seville E. Developing a Tool to Measure and Compare Otganizations' Resilience［J］. Natural Hazards Reviews, 2013, 14(1): 29-41.

［105］ Linnenluecke M K, Griffiths A. Assessing Organizational Resilience to Climate and Weather Extremes: Complexities and Methodological Pathways［J］. Climatic Change, 2012, 113(3-4): 933-947.

［106］ Linnenluecke M K. Resilience in Business and Management Research: A Review of Influential Publications and a Research Agenda［J］. International Journal of Management Reviews, 2017, 19(1): 4-30.

［107］ Liu H F, Wei S B, Ke W L, et al. The Configuration between Supply Chain Integration and Information Technology Competency: A Resource Orchestration Perspective［J］. Journal of Operations Management, 2016(44): 13-29.

［108］ Liu J, Chen L, Kittilaksanawong W. External Knowledge Search Strategies in China's Technology Ventures: The Role of Managerial Interpretations and Ties［J］. Management & Organization Review, 2013(9): 437-463.

[109] Liu J, Lu C, Kittilaksanawong W. External Knowledge Search Strategies in China's Technology Ventures: The Role of Managerial Interpretations and Ties[J]. Management & Organization Review, 2013, 9(3): 437-463.

[110] Luthans F, Avey J B, Avolio B J, et al. The Development and Resulting Performance Impact of Positive Psychological Capital[J]. Human Resource Development Quarterly, 2010, 21(1): 41-67.

[111] March J G. Exploration and Exploitation in Organizational Learning[J]. Organization Science, 1991, 2(1): 71-87.

[112] Martins L L, Rindova V P, Greenbaum B E. Unlocking the Hidden Value of Concepts: A Cognitive Approach to Business Model Innovation[J]. Strategic Entrepreneurship Journal, 2015, 9(1): 99-117.

[113] Massa F G. Guardians of the Internet: Building and Sustaining the Anonymous Online Community[J]. Organization Studies, 2017, 38(7): 959-988.

[114] Ma Z, Xiao L, Yin J. Toward A Dynamic Model of Organizational Resilience[J]. Nankai Business Review International, 2018, 9(3): 246-263.

[115] McManus S. Organizational Resilience in New Zealand[D]. Christchurch: University of Canterbury, 2007.

[116] McManus S, Seville E, Vargo J, et al. Facilitated Process for Improving Organizational Resilience[J]. Natural Hazards Review, 2008, 9(2): 81-90.

[117] Menguc B, Auh S. The Asymmetric Moderating Role of Market Orientation on the Ambidexterity-firm Performance Relationship for Prospectors and Defenders[J]. Industrial Marketing Management, 2008, 37(4): 455-470.

[118] Meyer U, Schubert C. Integrating Path Dependency and Path Creation in a General Understanding of Path Constitution[J]. Technische Universität Dortmund, 2007.

[119] Mitchell D, Coles C. The Ultimate Competitive Advantage of Continuing Business Model Innovation[J]. Journal of Business Strategy, 2003, 24(5): 15-21.

[120] Moran K A. Organizational Resilience: Sustained Institutional Effectiveness Among Smaller, Private, Non-profit US Higher Education Institutions Experiencing organizational decline[J]. Work, 2016, 54(2): 267.

[121] Morgan T, Anokhin S, Kretinin S, et al. The Dark-side of the Entrepreneurial Orientation and Market Orientation Interplay: A New Product Development Perspective[J]. International Small Business Journal, 2015, 33(7): 731-751.

[122] Mostafiz M I, Sambasivan M, Goh S K. Antecedents and Consequences of Market Orientation in International B2B Market: Role of Export Assistance as a moderator[J]. Journal of Business & Industrial Marketing, 2021, 36(6): 1058-1075.

[123] Mousa M, Abdelgaffar H A, Chaouali W, et al. Organizational Learning, Organizational Resilience and the Mediating Role of Multi-stakeholder Networks[J]. Journal of Workplace Learning, 2020, 32(3): 161-181.

[124] Nadkarni S, Narayanan V K. Strategic Schemes, Strategic Flexibility, and Firm Performance: The Moderating Role of Industry Clock Speed[J]. Strategic Management Journal, 2007, 28(3): 243-270.

[125] Nambisan, S. Digital Entrepreneurship: Toward a Digital Technology Perspective of Entrepreneurship[J]. Entrepreneurship Theory and Practice, 2017, 41(6): 1029-1055.

[126] Narayanan V K, Zane L J, Kemmerer B. The Cognitive Perspective in Strategy: An Integrative Review[J]. Journal of Management: Official Journal of the Southern Management Association, 2011, 37(1): 305-351.

[127] Narver J C, Slater S F, MacLachlan D L. Responsive and Proactive Market Orientation and New-product Success[J]. Journal of Product Innovation Management, 2004, 21(5): 334-347.

[128] Narver J C, Slater S F. The Effect of a Market Orientation on Business Profitability[J]. Journal of Marketing, 1990, 54(4): 20-35.

[129] Nason R S, Wiklund J, McKelvie A. Orchestrating Boundaries: The Effect of R&D Boundary Permeability on New Venture Growth[J]. Journal of Business Venturing, 2019, 34(1): 63-79.

[130] Norris F H, Stevens S P, Pfefferbaum B, et al. Community Resilience as a Metaphor, Theory, Set of Capacities, and Strategy for Disaster Readiness[J]. American Journal of Community Psychology, 2008, 41(1-2): 127-150.

[131] Osterwalder A, Pigneur Y. Business Model Generation: A Handbook for Visionaries, Game Changers, and Challengers[M]. John Wiley & Sons, 2010.

[132] Ozturan P, Ozsomer A, Pieters A. The Role of Market Orientation in Advertising Spending During Economic Collapse: The Case of Turkey in 2001[J]. Journal of Marketing Research, 2014, 51(2): 139-152.

[133] Pateli A G, Giaglis G M. Technology Innovation-induced Business Model Change: A Contingency Approach[J]. Journal of Organizational Change Management, 2005 18(2): 167-183.

[134] Pierce J R, Aguinis H. The Too-much-of-a-good-thing Effect in Management[J]. Journal of Management, 2013, 39(2): 313-338.

[135] Plambeck N, Weber K. CEO Ambivalence and Responses to Strategic Issues[J]. Organization Science, 2009, 20(6): 993-1010.

[136] Prahalad C K, Hamel G. The Core Competence of the Corporation[J]. Harvard Business Review, 1990, 68(3): 79-91.

[137] Prayag G, Spector S, Orchiston C, et al. Psychological Resilience, Organizational Resilience and Life Satisfaction in Tourism Firms: Insights from the Canterbury Earthquakes[J]. Current Issues in Tourism, 2019, 23(10): 1216-1233.

[138] Preacher K J, Hayes A F. A Symptotic and Resampling Strategies for Assessing and Comparing Indirect Effects in Multiple Mediator Models[J]. Behavior Research Methods, 2008, 40(3): 879-891.

[139] Queiroz M, Tallon P P, Sharma R, et al. The Role of IT Application Orchestration Capability in Improving Agility and Performance[J]. The Journal of Strategic Information Systems, 2018, 27(1): 4-21.

[140] Ragin C C. Redesigning Social Inquiry: Fuzzy Sets and Beyond[M]. University of Chicago Press, 2008.

[141] Ragin C C. Set Relations in Social Research: Evaluating Their Consistency and Coverage[J]. Political Analysis, 2006(14): 291-300.

[142] Raisch S, Birkinshaw J. Organizational Ambidexterity: Antecedents, Outcomes, and Moderators[J]. Journal of Management, 2008, 34(3): 375-409.

[143] Rangan D N K. Building and Sustaining Buyer-seller Relationships in

Mature Industrial Markets[J]. Journal of Marketing, 2004, 68(3): 63-77.

[144] Rodríguez-Sánchez A, Guinot J, Chiva R, et al. How to Emerge Stronger: Antecedents and Consequences of Organizational Resilience[J]. Journal of Management & Organization, 2019: 1-18.

[145] Rosing K, Frese M, Bausch A. Explaining the Heterogeneity of the Leadership-innovation Relationship: Ambidextrous Leadership[J]. Leadership Quarterly, 2011, 22(5): 956-974.

[146] Ruekert R W. Developing A Market Orientation: An Organizational Strategy Perspective[J]. International Journal of Research in Marketing, 1992, 9(3): 225-245.

[147] Saebi T, Foss N J. Business Models for Open Innovation: Matching Heterogeneous Open Innovation Strategies with Business Model Dimensions[J]. European Management Journal, 2015, 33(3): 201-213.

[148] Sahebjamnia, Navid, Torabi, et al. Building Organizational Resilience in the Face of Multiple Disruptions[J]. International Journal of Production Economics, 2018, 53(3): 385-403.

[149] Sajko M, Boone C, Buyl T. CEO Greed, Corporate Social Responsibility, and Organizational Resilience to Systemic Shocks[J]. Journal of Management, 2021, 47(4): 957-992.

[150] Sandvik I L, Sandvik K. The Impact of Market Orientation on Product Innovativeness and Business Performance[J]. International Journal of Research in Marketing, 2003, 20(4): 355-376.

[151] Schein E H. Organizational Socialization and Profession of Management [J]. Industrial Management Review, 1968(9): 1-16.

[152] Schmelzle U. Supply Chain-driven Innovation: The Influence of Supply Chain Resource Orchestration on Organizational Performance[D]. University of Tennessee, 2017.

[153] Schneider M R, Schulze-Bentrop C, Paunescu M. Mapping the Institutional Capital of High-tech Firms: A fuzzy-set Analysis of Capitalist Variety and Export Performance[J]. Journal of International Business Studies, 2010, 41(2):

246-266.

[154] Schneider M R, Wagemann C. Set-theoretic Methods for the Social Sciences: A Guide to Qualitative Comparative Analysis[M]. Cambridge University Press, 2012.

[155] Sharma S. Managerial Interpretations and Organizational Context as Predictors of Corporate Choice of Environmental Strategy[J]. Academy of Management Journal, 2000, 43(4): 681-697.

[156] Sharma S, Nguan O. The Biotechnology Industry and Strategies of Biodiversity Conservation: The Influence of Managerial Interpretations and Risk Propensity [J]. Business Strategy and the Environment, 1999(8): 46-61.

[157] Simon H. The Architecture of Complexity Systems[J]. Proceddings of the American Philosophical Society, 1962, 106(4): 183-216.

[158] Sinkovics N, Sinkovics R R, Yamin M. The Role of Social Value Creation in Business Model Formulation at the Bottom of the Pyramid-implications for MNEs? [J]. International Business Review, 2014, 23(4): 692-707.

[159] Sirmon D G, Hitt M A, Ireland R D, et al. Resource Orchestration to Create Competitive Advantage: Breadth, Depth, and Life Cycle Effects[J]. Journal of Management, 2011, 37(5): 1390-1412.

[160] Sirmon D G, Hitt M A, Ireland R D. Managing Firm Resources in Dynamic Environments to Create Value: Looking Inside the Black Box[J]. Academy of Management Review, 2007, 32(1): 273-292.

[161] Slater S F, Narver J C. Customer-led and Market-oriented: Let's Not Confuse the Two[J]. Strategic Management Journal, 1998, 19(10): 1001-1006.

[162] Slater S F, Narver J C. The Positive Effect of a Market Orientation on Business Profitability: A Balanced Replication[J]. Journal of Business Research, 2000, 48(1): 69-73.

[163] Sosna M, Trevinyo-Rodríguez R N, Velamuri S R. Business Model Innovation Through Trial-and-error Learning: The Naturhouse Case[J]. Long Range Planning, 2010, 43(2-3): 383-407.

[164] Spanjol J, Mühlmeier S, Tomczak T. Strategic Orientation and Product

Innovation: Exploring a Decompositional Approach[J]. Journal of Product Innovation Management, 2012, 29(6): 967-985.

[165] Spector P E, Meier L L. Methodologies for the Study of Organizational Behavior Processes: How to Find Your Keys in the Dark[J]. Journal of Organizational Behavior, 2014, 35(8): 1109-1119.

[166] Srinivasan R, Swink M. An Investigation of Visibility and Flexibility as Complements to Supply Chain Analytics: An Organizational Information Processing Theory Perspective[J]. Production and Operations Management, 2018, 27(10): 1849-1867.

[167] Srinivasan R, Swink M. Leveraging Supply Chain Integration Through Planning Comprehensiveness: An Organizational Information Processing Theory Perspective[J]. Decision Sciences, 2015, 46(5): 1-39.

[168] Staw B M, Sandelands L E, Dutton J E. Threat Rigidity Effects in Organizational Behavior: A Multilevel Analysis[J]. Administrative Science Quarterly, 1981, 26(4): 501-524.

[169] Stephenson A, Vargo J, Seville E. Measuring and Comparing Organizational Resilience in Auckland[J]. Australian Journal of Emergency Management, 2010, 25(2): 27-32.

[170] Stoverink A C, Kirkman B L, Mistry S, et al. Bouncing Back Together: Toward a Theoretical Model of Work Team Resilience[J]. Academy of Management Review, 2020, 45(2): 395-422.

[171] Teece D J. Dynamic Capabilities: Routines Versus Entrepreneurial Action [J]. Journal of Management Studies, 2012, 49(8): 1395-1401.

[172] Tengblad S, Margarete O. A Theoretical Framework for Organizational Resilience[A]. EURAM Conference[C]. Lisbon Portugal, 2019.

[173] Thomas J B, Clark S M, Gioia D A. Strategic Sense-making and Organizational Performance: Linkages Among Scanning, Interpretation, Action, and Outcomes [J]. Academy of Management Journal, 1993, 36(2): 239-270.

[174] Thompson J D. Organizations in Action: Social Science Bases of Administrative Theory[M]. Routledge, 2017.

[175] Tierney K J. Structure and Process in the Study of Disaster Resilience [R]. The 14th World Conference on Earthquake Engineering, Beijing, China, 2008.

[176] Tuggle C S, Bierman L. Commanding Board of Director Attention: Investigating How Organizational Performance and CEO Duality Affect Board Members' Attention to Monitoring[J]. Strategic Management Journal, 2010, 31(9): 946-968.

[177] Turturea R, Jansen J, Verheul I. TMT Improvisation, Resource Management and SME Performance: A Mediated Model[J]. Frontiers of Entrepreneurship Research, 2015, 35(9): 218-223.

[178] Tushman M L, Nadler D A. Information Processing as an Integrating Concept in Organizational Design[J]. Academy of Management Review, 1978, 3(3): 613-624.

[179] Umoh G I, Amah E, Wokocha H I. Management Development and Organizational Resilience: A Case Study of Some Selected Manufacturing Firms in Rivers State[J]. Journal of Business and Management, 2014, 16(2): 7-16.

[180] Uruena A, Hidalgo A. Successful loyalty in E-complaints: fsQCA and Structural Equation Modeling Analyses[J]. Journal of Business Research, 2016, 69(4): 1384-1389.

[181] van der Vegt G S, Essens P, Wahlström M, et al. Managing Risk and Resilience[J]. 2015, 58(4): 971-980.

[182] Velu C. Business Model Innovation and Third-party Alliance on the Survival of New Firms[J]. Technovation, 2015(35): 1-11.

[183] Velu C. Evolutionary or Revolutionary Business Model Innovation Through Coopetition? The Role of Dominance in Network Markets[J]. Industrial Marketing Management, 2016(53): 124-135.

[184] Venkatraman N, Lee C H, Iyer B. Strategic Ambidexterity and Sales Growth: A Longitudinal Test in the Software Sector, 2007.

[185] Waarts E, Wierenga B. Explaining Competitors' Reactions to New Product Introductions: The Roles of Event Characteristics, Managerial Interpretations, and Competitive Context[J]. Marketing Letters, 2000, 11(1): 67-79.

[186] Walker B, Nilakant V, Baird R. Promoting Organizational Resilience

Through Sustaining Engagement in a Disruptive Environment： What Are the Implications for HRM？［J］. Research Forum，2014：1-20.

［187］Walsh J P. Managerial and Organizational Cognition：Notes from a Trip Down Memory Lane［J］. Organization Science，1995，6(3)：280-321.

［188］Wang G，Li L，Jiang X. Entrepreneurial Business Ties and New Venture Growth：The Mediating Role of Resource Acquiring，Bundling and Leveraging［J］. Sustainability，2019，11(1)：244.

［189］Wang J，Xue Y，Yang J. Boundary-spanning Search and Firms' Green Innovation：The Moderating Role of Resource Orchestration Capability［J］. Business Strategy and the Environment，2019，29(2)：361-374.

［190］Wang Q，Li S S，Zhang H，et al. Learning from Failure，Resource Orchestration and Social Enterprise Growth Performance：The Moderating Role of Failure normalization［J/OL］. Current Psychology，2023：10.1007/s12144-023-05346-x

［191］Wang Y，Liu F. Proactive or Responsive Market Orientation for Stronger Service Innovation Capability：The Moderating Roles of Contractual and Relational Governance［J］. Journal of Business & Industrial Marketing，2019，35(5)：863-874.

［192］Weick K E，Roberts K H. Collective Mind in Organizations：Heedful Interrelating on Flight Decks［J］. Administrative Science Quarterly，1993(38)：357-381.

［193］Wei Z，Yang D，Sun B，et al. The Fit between Technological Innovation and Business Model Design for Firm Growth：Evidence from China［J］. R&D Management，2014，44(3)：288-305.

［194］Wernerfelt，B. Resource-based View of the Firm［J］. Strategic Management Journal，1984，5(2)：171-180.

［195］White J C，Varadarajan P R，Dacin P A. Market Situation Interpretation and Response：The Role of Cognitive Style，Organizational Culture，and Information Use［J］. Journal of Marketing，2003，67(7)：63-67.

［196］Williams T A，Gruber D A，Sutcliffe K M，et al. Organizational Response to Adversity：Fusing Crisis Management and Resilience Research Streams ［J］. Academy of Management Annals，2017，11(2)：733-769.

［197］ Williams T A, Shepherd D A. Building Resilience or Providing Suste-nance: Different Paths of Emergent Ventures in the Aftermath of the Haiti Earthquake ［J］. Academy of Management Journal, 2016, 59(6): 2069-2102.

［198］ Wu J, Guo B, Shi, Y. Customer Knowledge Management and It-enabled Business Model Innovation: A Conceptual Framework and a Case Study from China ［J］. European Management Journal, 2013, 31(4): 359-372.

［199］ Yang D, Wei Z, Shi H, et al. Market Orientation, Strategic Flexibility and Business Model Innovation［J］. Journal of Business & Industrial Marketing, 2020, 35(4): 771-784.

［200］ Yi Y, Li Y, Hitt M A, et al. The Influence of Resource Bundling on the Speed of Strategic Change: Moderating Effects of Relational Capital［J］. Asia Pacific Journal of Management, 2016, 33(2): 435-467.

［201］ Yi Y, Li Y, Hitt M A, et al. The Influence of Resource Bundling on the Speed of Strategic Change: Moderating Effects of Relational Capital［J］. Asia Pacific Journal of Management, 2016, 33(2): 435-467.

［202］ Yuan W, Bao Y, Olson B J. CEOs' Ambivalent Interpretations, Organi-zational Market Capabilities, and Corporate Entrepreneurship as Responses to Strategic Issues［J］. Journal of World Business, 2017, 52(2): 312-326.

［203］ Zelt S, Recker J, Schmiedel T, et al. A Theory of Contingent Business Process Managament［J］. Business Process Management Journal, 2018, 25(6): 1291-1316.

［204］ Zeng J, Khan Z. Value Creation through Big Data in Emerging Econo-mies: The Role of Resource Orchestration and Entrepreneurial Orientation［J］. Man-agement Decision, 2019, 57(8): 1818-1838.

［205］ Zhang H, Xiao H, Wang Y, et al. An Integration of Antecedents and Outcomes of Business Model Innovation: A Meta-analytic Review［J］. Journal of Busi-ness Research, 2021, 131: 803-814.

［206］ Zhang Y, Li H Y. Innovation Search of New Ventures in a Technology Cluster: The Role of Ties with Service Intermediaries［J］. Strategic Management Jour-nal, 2010, 31(1): 88-109.

［207］Zhou K Z, Li C B. How Strategic Orientations Influence the Building of Dynamic Capability in Emerging Economies［J］. Journal of Business Research, 2010, 63(3): 224-231.

［208］Zott C, Amit R. Business Model Design: An Activity System Perspective ［J］. Long Range Planning, 2010, 43(2-3): 216-226.

［209］Zott C, Amit R. Business Model Design and the Performance of Entrepreneurial Firms［J］. Organization Science, 2007, 18(2): 181-199.

［210］蔡莉, 单标安, 周立媛. 新创企业市场导向对绩效的影响——资源整合的中介作用［J］. 中国工业经济, 2010(11): 77-86.

［211］陈红川, 魏璐璐, 李云健, 等. 管理创新如何影响企业竞争优势——新冠疫情冲击下组织韧性与政府支持的作用［J］. 广东财经大学学报, 2021, 36(5): 90-102.

［212］程聪, 谢洪明. 市场导向与组织绩效: 一项元分析的检验［J］. 南开管理评论, 2013, 16(6): 38-46.

［213］崔淼, 周晓雪, 蔡地. 新兴市场企业如何塑造组织韧性——基于路径构造理论的案例研究［J］. 管理案例研究与评论, 2020, 13(6): 646-657.

［214］单宇, 许晖, 周连喜, 等. 数值赋能: 危机情境下组织韧性如何形成?——基于林清轩转为危机的探索性案例研究［J］. 管理世界, 2021, 37(3): 84-104+7.

［215］邓渝. "做正确的事与正确地做事": 资源编排视角下的创业企业绩效［J］. 外国经济与管理, 2020, 43(5): 34-46.

［216］丁良超. 海外网络对跨国企业绩效影响的实证研究——基于创业阶段差异视角［J］. 科技进步与对策, 2015, 32(23): 85-91.

［217］杜运周, 贾良定. 组态视角与定性比较分析(QCA): 管理学研究的一条新道路［J］. 管理世界, 2017(6): 155-167.

［218］段升森, 迟冬梅, 张玉明. 信念的力量: 工匠精神对组织韧性的影响研究［J］. 外国经济与管理, 2021, 43(3): 57-71.

［219］范群林. 企业文化科技创新行为中管理者解释的中介作用研究［J］. 财会月刊, 2016(36): 36-40.

［220］冯文娜, 田英杰, 孙梦婷. 同群效应下的响应型市场导向、组织惯

例更新与制造企业服务能力[J].现代财经(天津财经大学学报),2021,41(3):37-52.

[221] 奉小斌.集群新创企业平行搜索对产品创新绩效的影响:管理者解释与竞争强度的联合调节效应[J].研究与发展管理,2016,28(4):11-21.

[222] 奉小斌,刘皓.集群企业跨界搜索对绿色创新的影响研究——管理解释的调节作用[J].研究与发展管理,2021,33(4):28-40.

[223] 奉小斌,马晓书.知识搜索如何影响逆向国际化企业创新速度和创新质量[J].软科学,2021,35(10):74-78.

[224] 奉小斌,苏佳涵,马晓书.逆向国际化企业跨界搜索如何影响商业模式创新?——制度嵌入的非线性调节作用[J].研究与发展管理,2021,33(2):67-82.

[225] 符健春,王重鸣,孟晓斌.创业者领导行为与企业绩效:创业企业发展阶段的调节效应[J].应用心理学,2008,14(2):129-140.

[226] 葛宝山,高洋,蒋大可,等.机会-资源一体化开发行为研究[J].科研管理,2015,36(5):99-108.

[227] 顾琴轩,胡冬青,许彦妮.市场导向对组织创造力的非线性作用机理——组织二元结构文化与创业导向的影响研究[J].中国管理科学,2021,29(4):237-248.

[228] 郝颖,刘星,林朝南.我国上市公司高管人员过度自信与投资决策的实证研究[J].中国管理科学,2005(5):142-148.

[229] 何会涛,袁勇志.双维市场导向、本地网络嵌入与海外人才在华创业绩效研究[J].科技进步与对策,2019,36(1):105-114.

[230] 和苏超,黄旭.管理者解释如何影响企业环境战略选择:调节定向理论视角[J].管理学季刊,2019,4(3):96-120+152.

[231] 胡海波,费梅菊,胡京波,等.资源编排视角下企业价值创造演化:李渡酒业2002-2019年纵向案例研究[J].江西财经大学学报,2021(2):24-39.

[232] 黄昊,王国红,秦兰.科技新创企业资源编排对企业成长影响研究:资源基础与创业能力共演化视角[J].中国软科学,2020,(7):122-137.

[233] 黄群慧."双循环"新发展格局 未来我国经济政策的重要目标和着力点[J].财经界,2020(10):11-12.

[234] 黄群慧. 新冠肺炎疫情对供给侧的影响与应对: 短期与长期视角[J]. 经济纵横, 2020(5): 46-57+2.

[235] 简兆权, 王晨, 陈键宏. 战略导向、动态能力与技术创新: 环境不确定性的调节作用[J]. 研究与发展管理, 2015, 27(2): 65-76.

[236] 李海东, 林志扬. 组织结构变革中的路径依赖与路径创造机制研究——以联想集团为例[J]. 管理学报, 2012, 9(8): 1135-1146.

[237] 李兰, 仲为国, 彭泗清, 等. "新冠肺炎"疫情危机下的企业韧性与企业家精神——2021 中国企业家成长与发展专题调查报告[J]. 南开管理评论, 2022, 25(1): 50-62.

[238] 李妹, 高山行. 企业家导向、市场导向与企业绩效的关系研究——一项基于组织冗余调节效应的实证分析[J]. 科技进步与对策, 2012, 29(4): 63-63.

[239] 李平. VUCA 条件下的组织韧性: 分析框架与实践启示[J]. 清华管理评论, 2020(6): 72-82.

[240] 李平, 竺家哲. 组织韧性: 最新文献评述[J]. 外国经济与管理, 2021, 43(3): 25-41.

[241] 李姗姗, 黄群慧. 基于 fsQCA 方法的新创企业组织韧性构建路径研究[J]. 经济体制改革, 2022(3): 90-96.

[242] 李姗姗, 黄群慧. 组织适应理论视角下创业企业组织韧性的培育模式研究[J]. 当代财经, 2023(8): 83-94.

[243] 廖勇海, 刘益, 贾兴平. 基于 Meta 视角的市场导向、产品创新、产品竞争优势与新产品绩效关系研究[J]. 研究与发展管理, 2015, 27(3): 105-113.

[244] 刘刚. 创业警觉多维性、转型环境动态性与创业企业商业模式创新[J]. 管理学报, 2019(10): 1507-1515.

[245] 刘汉民. 路径依赖理论及其应用研究: 一个文献综述[J]. 浙江工商大学学报, 2010(2): 58-72.

[246] 刘书博. 组织韧性: 在危机中成长的能力[J]. 清华管理评论, 2020(6): 90-95.

[247] 刘云, 杨东涛, 赵李晶, 等. 双元视角下市场导向平衡效应对高科技

中小企业新产品绩效的影响[J].科技进步与对策,2020,37(6):111-118.

[248] 龙静.创业关系网络与新创企业绩效——基于创业发展阶段的分析[J].经济管理,2016,38(5):40-50.

[249] 卢强,刘贝妮,宋华.中小企业能力对供应链融资绩效的影响:基于信息的视角[J].南开管理评论,2019,22(3):122-136.

[250] 吕鸿江,刘洪,程明.多重理论视角下的组织适应性分析[J].外国经济与管理,2007,29(12):56-64.

[251] 罗珉,李亮宇.互联网时代的商业模式创新:价值创造视角[J].中国工业经济,2015,57(1):95-107.

[252] 罗兴武,刘洋,项国鹏,等.中国转型经济情境下的商业模式创新:主题设计与量表开发[J].外国经济与管理,2018(1):33-49.

[253] 罗兴武,杨俊,项国鹏,等.商业模式创新双重属性如何作用创业企业成长:裸心的案例研究[J].管理评论,2019,31(7):133-148.

[254] 马浩.组织韧性的机制与过程[J].清华管理评论,2020(6):84-89.

[255] [美] 纳西姆·尼古拉斯·塔勒布.反脆弱:从不确定性中受益[M].雨珂译.北京:中信出版社,2014.

[256] 彭学兵,陈璐露,刘玥伶.创业资源整合、组织协调与新创企业绩效的关系[J].科研管理,2016,37(1):110-118.

[257] 彭学兵,王乐,刘玥伶,等.创业网络、效果推理型创业资源整合与新创企业绩效关系研究[J].科学学与科学技术管理,2017,38(6):157-170.

[258] 冉范生.知识基础理论视角下的创新网络协调机制研究[J].山东社会科学,2010(11):123-125.

[259] 尚航标,李卫宁.战略决策团队认知偏好及其变化的社会学解释[J].外国经济与管理,2015(10):4-18+97.

[260] 宋耘,王婕,陈浩泽.逆全球化情境下企业的组织韧性形成机制——基于华为公司的案例研究[J].外国经济与管理,2021,43(5):3-19.

[261] 苏敬勤,林菁菁,张雁鸣.创业企业资源行动演化路径及机理——从拼凑到协奏[J].科学学研究,2017,35(11):1659-1672.

[262] 孙凯,刘人怀.基于信息处理理论的跨组织信息共享策略分析[J].管理学报,2013,10(2):293-298.

[263] 孙永波，孙珲，丁沂昕．资源"巧"配与创业机会识别——基于资源编排理论[J]．科技进步与对策，2021，38(2)：19-28.

[264] 汤铎铎，刘学良，倪红福，等．全球经济大变局、中国潜在增长率与后疫情时期高质量发展[J]．经济研究，2020，55(8)：4-23.

[265] 汪寿阳，敖敬宁，乔晗，等．基于知识管理的商业模式冰山理论[J]．管理评论，2015，27(6)：3-10.

[266] 王国红，黄昊．协同价值创造情境中科技新创企业的资源编排与成长激励研究[J]．管理学报，2021，18(6)：884-894.

[267] 王苗，张冰超．企业数字化能力对商业模式创新的影响——基于组织韧性和环境动荡性视角[J]．财经问题研究，2022(7)：120-129.

[268] 王钦．数字时代的"高韧性"组织：人单合一[J]．清华管理评论，2020(6)：96-100.

[269] 王晓玉，崔丽芳，任志强．市场导向与绩效关系中介效应研究综述[J]．技术经济与管理研究，2014(5)：53-58.

[270] 王雪冬，董大海．商业模式创新概念研究述评与展望[J]．外国经济与管理，2013(11)：29-36.

[271] 王勇，蔡娟．企业管理者积极领导力对组织韧性的影响机制研究[J]．首都经济贸易大学学报，2021，23(2)：92-102.

[272] 王勇，蔡娟．企业组织韧性量表发展及其信效度验证[J]．统计与决策，2019(5)：178-181.

[273] 王勇．组织韧性、战略能力与新创企业成长关系研究[J]．中国社会科学院研究生院学报，2019，229(1)：68-77.

[274] 吴明隆．结构方程模型：AMOS 的操作和应用[M]．重庆：重庆大学出版社，2010.

[275] 吴晓波，陈小玲，李璟琰．战略导向、创新模式对企业绩效的影响机制研究[J]．科学学研究，2015，33(1)：118-127.

[276] 吴晓波，赵子溢．商业模式创新的前因问题：研究综述与展望[J]．外国经济与管理，2017，39(1)：114-127.

[277] 谢洪明，章俨，刘洋，等．新兴经济体企业连续跨国并购中的价值创造：均胜集团的案例[J]．管理世界，2019，35(5)：161-178.

［278］邢璐，孙健敏，尹奎，等．"过犹不及"效应及其作用机制［J］．心理科学进展，2018，26（4）：153-164.

［279］薛影，路正南，朱东旦．创业者网络能力、创业激情与创业绩效——基于资源编排与风险承担双重传导路径［J］．企业经济，2021，40（3）：64-72.

［280］杨大鹏．管理解释对组织二元性的影响：行动一致性的调节作用［J］．科技进步与对策，2017，34（23）：13-21.

［281］杨俊，张玉利，刘依冉．创业认知研究综述与开展中国情境化研究的建议［J］．管理世界，2015（9）：158-169.

［282］杨琴，牛永芹.CEO过度自信、非效率投资与企业绩效［J］．安徽商贸职业技术学院学报（社会科学版），2021，20（3）：20-35.

［283］于晓宇，蒲馨莲．中国式创业失败：归因、学习和后续决策［J］．管理科学，2018，31（4）：103-119.

［284］余江，孟庆时，张越，等．数字创业：数字化时代创业理论和实践的新趋势［J］．科学学研究，2018，36（10）：1801-1808.

［285］云乐鑫，杨俊，张玉利．创业企业如何实现商业模式内容创新？——基于"网络—学习"双重机制的跨案例研究［J］．管理世界，2017（4）：119-137+188.

［286］臧树伟，陈红花，梅亮．能力演化、制度供给与企业突破性创新［J］．科学学研究，2021，39（5）：930-939.

［287］臧树伟，张娜娜．时机选择、追赶陷阱与企业能力重构［J］．科研管理，2021（9）：87-93.

［288］张钢，岑杰．组织适应理论扩展——组织时间适应研究探析［J］．外国经济与管理，2012（8）：43-49.

［289］张公一，张畅，刘晚晴．化危为安：组织韧性研究述评与展望［J］．经济管理，2020（10）：192-208.

［290］张婧，段艳玲．市场导向均衡对制造型企业产品创新绩效影响的实证研究［J］．管理世界，2010（12）：119-130.

［291］张婧，赵紫锟．反应型和先动型市场导向对产品创新和经营绩效的影响研究［J］．管理学报，2011，8（9）：1378-1386.

［292］张璐，周琪，苏敬勤，等．新创企业如何实现商业模式创新？——基于资源行动视角的纵向案例研究［J］．管理评论，2019，31（9）：219-230.

［293］张明，杜运周．组织与管理研究中 QCA 方法的应用：定位、策略和方向［J］．管理学报，2019，16（9）：1312-1323.

［294］张明，蓝海林，陈伟宏，等．殊途同归不同效：战略变革前因组态及其绩效研究［J］．管理世界，2020，36（9）：168-186.

［295］张青，华志兵．资源编排理论及其研究进展述评［J］．经济管理，2020，42（9）：193-208.

［296］张秀娥，李梦莹．创业激情对创业成功的作用机制研究［J］．科研管理，2021，42（9）：120-126.

［297］张玉明，赵瑞瑞，徐凯歌．突破知识共享困境：线上社会网络对创新绩效的影响——双元学习的中介作用［J］．科学学与科学技术管理，2019（10）：97-112.

［298］赵坤，荆林波，孙锐，等．创业企业韧性如何促进新产品开发？——资源保护理论视角下的单案例研究［J］．技术经济，2021，40（5）：133-145.

［299］赵思嘉，易凌峰，连燕玲．创业型领导、组织韧性与新创企业绩效［J］．外国经济与管理，2021，43（3）：42-56.

［300］周飞，沙振权，孙锐．市场导向、资源拼凑与商业模式创新的关系研究［J］．科研管理，2019，40（1）：115-122.

［301］周键．创业激情对创业成长的影响及作用机制研究［J］．科学学与科学技术管理，2016，37（12）：82-91.

［302］周洋，张庆普．市场导向对跨界整合式颠覆性创新的影响——基于战略选择的调节作用［J］．科学学与科学技术管理，2019，40（2）：99-113.

［303］诸彦含，赵玉兰，周意勇，等．组织中的韧性：基于心理路径和系统路径的保护性资源建构［J］．心理科学进展，2019，27（2）：357-369.

附录　创业企业组织韧性调研问卷

尊敬的先生/女士：

　　您好！本问卷为服务创业企业发展，维持创业企业可持续发展，并提升其组织韧性水平而设计的一份调研问卷。非常感谢您参与本次创业企业组织韧性的调研，我们保证以匿名方式收取问卷，所收集数据仅供学术研究使用，我们会对您填写的调研信息保密。同时，所有题项答案没有对错之分，恳请您根据自己的真实想法如实填写，如果选项没有贴合您的观点，也恳请您选取最接近的选项。每一份问卷在答完之后会有 0.5～2 元的红包以略表对您的谢意。最后，再次对您的参与表示衷心的感谢！

请您填写贵公司及您自己的基本信息
1. 请问您目前在公司内担任的职务是： □普通员工　　□基层经理(部门主管)　　□中高层管理者　　□创业者/合伙人/股东/合作伙伴
2. 您的性别是： □男　　　　　　　　　　　□女
3. 您的年龄处于以下哪一区间： □30 岁及以下　　　□31～40 岁　　　□41～50 岁　　　□51 岁及以上
4. 您的受教育的程度为： □高中及以下　　　□专科学历　　　□本科学历　　　□研究生学历
5. 您所在的企业是否为家族企业： □是　　　　　　　　　　　□否
6. 您所在的企业属于以下哪一产业： □电子信息　□材料能源(环保)　□生物医药　□传统制造业　□服务业/文化产业

7. 您所在的企业性质为：			
□国有企业	□民营企业	□合资企业	□其他

8. 您所在的企业成立时间为：				
□1 年以下	□1~3 年	□3~5 年	□5~8 年	□8~10 年

9. 您所在的企业规模是：				
□小于或等于 20 人	□21~50 人	□51~100 人	□101~200 人	□200 人以上

填写说明：请您根据您所在企业的实际情况在 1（完全不符合）~7（完全符合）之间进行选择。

第一部分：双元市场导向调研问卷										
1	2	3	4	5	6		7			
完全不符合	不符合	比较不符合	中立	比较符合	符合		完全符合			
1. 我认为提高顾客满意度是我们企业主要的经营目标					1	2	3	4	5	6	7
2. 我认为我们企业能够持续监测满足顾客需求的承诺水平					1	2	3	4	5	6	7
3. 我认为我们企业能够经常系统地评测顾客满意水平					1	2	3	4	5	6	7
4. 我认为我们企业具有顾客服务水平的常规测量方式					1	2	3	4	5	6	7
5. 我认为我们企业能帮助顾客预测市场的发展趋势					1	2	3	4	5	6	7
6. 我认为我们企业能够不断努力以发现顾客尚未意识到的额外需求					1	2	3	4	5	6	7
7. 我认为我们企业能够将顾客还没有详细说明的一些潜在需求的解决方案融入到新的产品与服务中					1	2	3	4	5	6	7
8. 我认为我们企业能够在顾客很难表述其需求的领域里寻找商业机会					1	2	3	4	5	6	7
第二部分：资源编排调研问卷										
1	2	3	4	5	6		7			
完全不符合	不符合	比较不符合	中立	比较符合	符合		完全符合			
1. 我认为我们企业能够引进并消化吸收各类外部知识资源					1	2	3	4	5	6	7
2. 我认为我们企业能够借助既有手段整合各类知识资源以丰富现有能力					1	2	3	4	5	6	7
3. 我认为我们企业能够借助既有手段转化应用各类知识资源					1	2	3	4	5	6	7

4. 我认为我们企业能够通过内外部协调来丰富现有资源或资源组合	1	2	3	4	5	6	7
5. 我认为我们企业能够以一种完全不同的方式整合各类知识资源以开发新能力	1	2	3	4	5	6	7
6. 我认为我们企业能够以一种完全不同的方式开发并转化应用各类知识资源	1	2	3	4	5	6	7

第三部分：商业模式创新调研问卷

1	2	3	4	5	6	7
完全不符合	不符合	比较不符合	中立	比较符合	符合	完全符合

1. 我认为我们企业现有的商业模式能够提供新颖的产品与服务	1	2	3	4	5
2. 我认为我们企业现有的商业模式能够设计出全新的盈利方式与盈利点	1	2	3	4	5
3. 我认为我们企业现有的商业模式采用了新颖的方式将上下游的企业联系起来	1	2	3	4	5
4. 我认为我们企业现有的商业模式能够在商业运作中加入全新的路程、规范与管理方式	1	2	3	4	5
5. 我认为我们企业现有的商业模式能降低各参与者在营销、销售与沟通等方面的成本	1	2	3	4	5
6. 我认为我们企业现有的商业模式能简化交易活动并避免交易过程出现错误	1	2	3	4	5
7. 我认为我们企业现有的商业模式中各参与者之间的信息是透明且共享的	1	2	3	4	5
8. 我认为我们企业现有的商业模式能够快速聚焦需求，提升交易速度	1	2	3	4	5

第四部分：组织韧性调研问卷

1	2	3	4	5	6	7
完全不符合	不符合	比较不符合	中立	比较符合	符合	完全符合

1. 考虑到别人对我们的依赖程度，我们企业对意外事件的计划是恰当的	1	2	3	4	5
2. 我们企业致力于实践和测试其应急计划，以确保其有效性	1	2	3	4	5
3. 对突发事件做出反应是我们企业的重点之一	1	2	3	4	5
4. 我们企业已经明确规定了危机期间和危机之后的重点	1	2	3	4	5
5. 我们企业中的人致力于解决问题，直到问题得到解决	1	2	3	4	5
6. 我们企业有足够的资源来吸收一些意想不到的变化	1	2	3	4	5
7. 如果关键人物不在，总有其他人可以接替他们的角色	1	2	3	4	5
8. 如果我们企业遭遇危机，我们组织内部会有很好的领导	1	2	3	4	5
9. 我们企业以新颖的方式运用知识而闻名	1	2	3	4	5

第五部分：管理解释调研问卷						
1	2	3	4	5	6	7
完全不符合	不符合	比较不符合	中立	比较符合	符合	完全符合

1. 我认为我们企业在当前的外部环境中可以实现成功	1	2	3	4	5
2. 我认为我们企业于当前的外部环境中可以在未来发展上取得更好的业绩	1	2	3	4	5
3. 我认为我们企业当前的外部环境具有较大潜力，有利于企业发展	1	2	3	4	5
4. 我认为我们企业当前的外部环境对企业发展具有显著的积极促进作用	1	2	3	4	5
5. 我认为我们企业在当前的外部环境中会遭受失败	1	2	3	4	5
6. 我认为我们企业在当前的外部环境中会在未来发展上取得较差的业绩	1	2	3	4	5
7. 我认为我们企业当前的外部环境可能是个陷阱，不利于企业发展	1	2	3	4	5
8. 我认为我们企业当前的外部环境会对企业的发展产生不利影响	1	2	3	4	5

问卷到此结束，再次感谢您的参与！

后 记

在完成《创业企业组织韧性的构建机制研究》的撰写后，我感到无比的欣慰和满足。本书不仅是我对创业企业组织韧性研究的一次全面而深入的探索，也是我对创业企业持续发展和成功路径的一次独特解读。

组织韧性是创业企业在面对变革和逆境时，保持竞争力和适应力的关键。在当今这个快速变化的时代，创业企业不仅需要具备卓越的创新能力和资源整合能力，更需要构建和提升组织韧性，以应对不断变化的市场环境和日益增加的不确定性。在撰写本书的过程中，笔者深感创业企业组织韧性构建的重要性和紧迫性。通过对大量文献的梳理和分析，发现了许多有益的启示和经验教训。同时也认识到，组织韧性构建是一个复杂的系统工程，需要企业根据自身的实际情况，结合外部环境的变化，制定合适的策略和措施。在这个过程中，企业家的智慧和勇气至关重要。

在此，我要感谢所有参与本书修改的老师、同学，他们的帮助使本书能够顺利完成。还要感谢为本书提供宝贵意见的专家与学者，他们的支持和鼓励让我不断前进。

最后，我希望本书能够为创业企业的发展提供有益的借鉴和启示，帮助企业家在风雨飘摇的创业道路上坚定信念、勇往直前。我也期待着更多的学者和企业实践者加入组织韧性构建的探索和实践中来，共同推动创业企业的健康与可持续发展。

李姗姗

2024 年 5 月